4・5
歳児クラス編

遊びを広げて学びに変える

思いをつなぐ
保育の環境構成

宮里暁美 ● 編著　文京区立お茶の水女子大学こども園 ● 著

中央法規

はじめに

　子どもたちが時折見せる集中の表情には、静かな強さがあります。夢の実現のために意見を交わしているときには、躍動感がみなぎっています。4・5歳の子どもたちの集中と躍動は、子どもたちに任された時間と空間の中で培われていきます。就学前の教育の集大成である4・5歳の時期の保育を丹念に重ねたいと願っています。

　2016年4月に開園して以来、子どもたちの能動性を支え遊びの中の学びを大切にして、保育の日々を紡いできました。その記録を、3冊の本にまとめました。0・1歳、2・3歳、4・5歳という隣り合わせの年齢でまとめています。0〜2歳、3〜5歳という括りではなく、隣り合う年齢の子どもたちで括る視点に新しさがあります。つながるものと、ひろがっていくものが見えるように思います。

　第1章では、その年齢の子どもたちの特性や環境のあり方についてまとめました。第2章・第3章は、本園の実践事例です。環境に焦点を当て、写真を多く使い保育の様子をまとめています。身近な環境を見直したり手を加えたりするヒントも提案しています。

　第4章は、豊かな実践を行っている園の事例を掲載しています。いろいろな地域の実践ですが、共通しているのは、子どもを中心に置きながら環境を工夫し改善する姿勢です。事例に対するコメントも併せてお読みください。

　第5章は、Q＆A。保育環境についてのさまざまな悩みを紹介しています。悩むということは、子どものために心を砕いているという状態です。そこからすべてが始まります。「ある　ある！」と悩みに共感しつつ、回答を一緒に考えていただけたら、と願います。

　第6章は、評価のポイント。環境を工夫・改善し、実践をしていく際の重要な視点です。実際に各園で行っていただけるようワークシートもついています。ぜひご活用ください。

不思議を見つけたり、実現したい夢に出会ったり、友だちと思いを交わし夢中になって遊ぶ日々の中で「今、この時」が生まれます。そのようにして生まれ続ける「今、この時」を、いくつかのキーワードで切り取ってまとめてみたら、明日の保育の参考になるのではないか。どこかにいる誰かが、活用してくれるかもしれない。そうだったらいいな！と願って作った本です。あなたの保育の今日、そして明日！に生かしていただけたら、とてもうれしいです！
　子どもたちと応答し作り上げていく豊かな保育が日本中に広がっていきますように、という願いを込めて。

宮里暁美

CONTENTS

第2章 4歳児の遊びと生活

第3章 5歳児の遊びと生活

第4章 実践にみる環境構成の工夫

第5章 ここが迷う 環境構成のQ&A

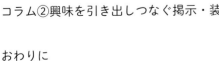

第6章 保育の環境と評価

第 1 章

4・5歳児の 保育の基本

子どもたちは、園での生活を重ね、好きな遊び、好きな場所、一緒に遊びたい友だちなどを拠りどころとして、活発に活動します。

さまざまな経験を重ね、子どもたちは自分の力を発揮して遊びや生活に取り組む満足感や自信を得て、さらにいろいろなことに挑戦しようとしていきます。イメージを交わし、場を作り、物を生み出し、「自分たちの」遊びを創り上げていく喜びを日々味わっていきます。4・5歳児の保育で大切にしたいこと、環境や援助のポイントについてまとめました。

1 4・5歳児の保育で大切にしたいこと

1 やりたいことに没頭する

　虫が大好きな子どもたちが、いつからか虫の絵を描くことを楽しみ出しました。初めのうちは、保育者に描いてと言ってくることが多かったのが、次第に、図鑑を見ながら自分で描こうとするようになっていきました。Aちゃんの真剣な表情を見てください（写真左）。図鑑のページをめくりながら、描きたいものを探して描いていました。

　するとそこへBちゃんが、やってきました。やはり虫の絵を描くことが好きな子どもでした。Aちゃんの手元をのぞき込みながら、「どれかいてるの？」と話しかけています（写真右）。

　没頭して遊ぶ子どもの姿が、他の子どものやりたいという気持ちを引き出していきます。心が動くことから遊び出す、その動きを大事にする中で、さまざまな没頭が見られる保育環境が大切です。

虫の絵を何枚も描くAちゃん（4歳）。図鑑を見ながら、保育者に描いてもらったり自分で描いたり。

「どれかいてるの？」とBちゃん（4歳）が聞いています。虫の絵を描くことがブームになっているのです。

② やりたいことがやれるうれしさを味わう

初夏のある日、玄関前の通路から歓声が響いてきました。5歳児クラスの子どもたちが集まって水鉄砲で遊んでいたのです。

初めはそれぞれにいろいろな場所に向けて水をかけて遊んでいたのですが、保育者に向けてかけ始めたことから、楽しさがひろがってきました。走り回る動きも出てきた時に、「じゃあ、対決しよう！」と保育者が言いました。走り回って遊ぶには向かない場所だったからです。

通路のこちら側とあちら側を陣地にして、水をたっぷり入れます。水を入れている子どもは「待って待って」と声をかけ合います。チームワークが大切です。

そしていよいよ「はじめ！」。みんなで一斉に水を発射させます。保育者も2、3本の水鉄砲を用意し応戦します。勢いよく押すと水が遠くまで飛んでいき、服を濡らします。それがまた気持ちよくて大笑いの子どもたちと保育者でした。

この遊びには、集中と開放、緊張と笑いの両者がありました。対保育者という状況の中で、一致団結するという体験もできています。

本園は園庭が狭いため、保護者の送り迎えが

一致団結してねらいを定めている子どもたち（5歳）。まなざしの先には…。

「よーし！第二回戦！」と声が響きます。細い通路も遊び場になります。

終わったあとは、玄関前の通路を遊び場として活用します。場の特色や限界を把握した上で、この場所ではどのような遊びができるだろうと可能性を探っている毎日です。今回、子どもたちと保育者の水鉄砲合戦が細い通路を活用して行われているのを見た時、まず始めにあるのが「子どもたちがやりたがっていること」なのだということがわかりました。

子どもたちがやりたがっていること、それが「水をかけ合うこと」とわかった時、この場所をどのように使ったらその願いがかなうかを考えます。そして一緒に楽しむのです。そのような保育者の姿勢があったからこそ、子どもたちの楽しさがひろがったのでしょう。

③ 場を作り、イメージを交わして遊ぶ

　子どもたちが生き生きとした遊びを作り出すためには、「イメージ」「場を作る物」「仲間」の３つが必要だと考えます。

　「イメージ」とは、こんなことをしたい、こんなふうに遊びたいという思いです。４・５歳になると、やりたい遊びのイメージがはっきりとしてきます。遠足などで共通に体験したこと、テレビや絵本で見たことなどがイメージのもととなります。豊かな遊びの可能性につながるイメージとの出会いを大切にしたいです。

　「場を作る物」とは、積み木や段ボール、敷物など、子どもたちが自分で移動できるものです。ままごとの食器や人形など、その場で使う物も場を彩ります。「仲間」とは、一緒に遊びを作り出す友だちです。生き生きとした遊びには欠かせません。

　「イメージ」「場を作る物」「仲間」この３つがある時、豊かな遊びが始まります。

　写真は、海賊ごっこを楽しんでいる様子です。海賊のダンスが大好きになり、音楽に合わせて踊ることを楽しんでいた子どもたちは、布を身にまとうことで、「海賊みたい！」と大喜び。さらに自分たちが作った海賊船に乗り込むことで、いろいろな動きが生まれました。海賊船の中で使うものを作り始める姿も見られます。場ができたことが、遊びが広がるきっかけになっていきました。場は日々変化していきました。

布を巻いたら、海賊らしさが増加。楽しそうに踊り始めました（４歳）。

段ボールやイス、積み木を組み合わせて海賊船を作ります。布を巻いて海賊になりきります（４歳）。

◆ 海賊遊びに見られる3つのポイント

・イメージ …… 海賊のイメージ。ダンスの曲に親しんだことがきっかけでした。頭に布を巻くことを提案すると海賊らしさが増し、子どもたちは大喜び。

・場を作る物 … 積み木・棒・段ボール・椅子。積み木に棒をつけ、棒に海賊船の旗を作り貼りました。積み木を敷き詰めそのまわりを段ボールで囲っています。囲いに使っている段ボールは、いろいろな場作りに使えるよう、立ちやすく加工しています。

・仲間 ………… 学級全体で海賊のダンスを楽しんだので、一緒に楽しむ友だちがたくさんいました。

④ 興味や関心を昨日・今日・明日へとつなげ、探究する

体験は積み重なることで豊かな経験になっていきます。園生活の中で、子どもたちが体験することが単発な物ばかりだと、豊かな経験にはなっていきません。子どもたちが興味や関心を強く示したこと、保育者が子どもたちにじっくり体験してほしいことがあった時には、継続してかかわれるように、環境を工夫します。

写真は、初めて飼うことにした蚕（かいこ）を子どもたちに見せている場面です。保育者は、桑の葉の上に蚕をのせ、大切に子どもたちに見せています。座って話を聞いていた子どもたちの周囲を回り、すぐそばで見られるようにしています。保育者が愛おしいという気持ちをもって蚕に触れている姿が、子どもたちの心をとらえていきます。

初めて蚕を飼うことにしました。子どもたちに「おかいこさん」を紹介しています。

その後「おかいこさん」との日々が始まりました。「カリカリカリ」と桑の葉を食べる音に驚いたり、「かいちゃん」と名づけてかわいがったり、興味津々な子どもたちです。日々変化していく様子を写真に撮ったり絵に描いたりして掲示し、変化を実感できる工夫もしました。

時が経ち、すべての蚕が繭（まゆ）になったところで、「繭はこの後どうしたらいいの？」といろいろな人に相談していたら、繭から糸を紡ぐ方法を教えてくれる人に出会いました。そこでその人に園に来ていただき、実験をする

桑の葉を食べる様子に
くぎづけ

繭を重曹の入った湯でゆでます。こうして糸に紡いでいきます。

ことにしました（写真）。しばらくゆでていると繭がフワ〜ッとひろがり、それをすくって糸にしていく、とても珍しい体験をしました。興味や関心を継続し、さらに深い学びを得ていくためには、専門家との出会いが欠かせないと学んだ出来事でした。4・5歳児の探究を支えるものに、ともに驚きともに探究する保育者がいます。専門知識や専門家との出会いがあれば、さらに豊かな経験ができるでしょう。

　0歳児の頃から、身近な物に自らかかわり、さまざまに感じとる探索活動を大切に積み重ねてきた子どもたちは、さらに広く深く探索し探究するようになっていきます。幼児期の終わりまでに育ってほしい姿の一つ「思考力の芽生え」は、このような経験の積み重ねの中で確実に育っていきます。

⑤ 気づく・目をみはる・試す・感じる

　2階建ての園舎は、園庭にすぐ出て遊ぶという動きは作りにくく、使いにくいと言えるかもしれません。しかし、南側にガラス窓が多くあり、日がよく差し込むという良さがありました。

差し込む光に気づき、遊ぶ子どもたち。

色つきペットボトルやガラス製のおはじきを用意すると、いろいろな気づきが生まれました（5歳）。

　私たちはこれを「可能性」ととらえて、子どもたちが差し込む光に気づいている姿を受け止めたり、光で遊ぶ可能性を検討しました。

　朝日が差し込む保育室で、窓辺の机の上にあった色つきペットボトルの影に色がついていることに気づいた子どもがいました。その影の中に自分の手を入れたら、手も緑色に！思わず歓声を上げていました。

　子どもたちが影で遊んでいる姿を見て、ガラス製のおはじきを窓辺の机の上に置いたのは、保育者でした。おはじきを光に透かし色が映ることに気づいた子どもは、これはどうかな？と空き容器箱から色つきペットボトルを見つけて持ってきました。しばらくすると、粘土を使っておはじきを立てるようにして、光が映りやすくする工夫も始まりました。初めに子どもの気づきがあり、そのことに保育者が気づき、これならどうかな？と提案したものを、子どもが活かし、さらに

気づきを広げていく姿です。気づきの連鎖が起こっています。

　光や風、雨などの自然現象が、気づく・目をみはる・試す・工夫するという循環のきっかけになることは、よくあります。自然現象は、分け隔てなく、誰に対しても、どの園に対しても降り注ぎます。それを環境からのプレゼントだと思って受け取るかどうか、豊かな保育の分かれ道はそのあたりにもありそうです。

❻ 自分の地図を広げる、園から街へ

　5歳児クラスの2学期後半、小学校の就学時健康診断を体験した頃から、しきりに小学校の話題が出るようになってきました。保育室の中で地域の地図を広げ、小学校のことを話したり、それぞれの家の話をするうちに、「街探検をしたい！」という思いが子どもたちの中に広がってきました。

　ではどこへ行こうかと考え合い、給食のお米を納入しているお米屋さんや在園児の祖父母がやっている金物屋さん、近所のお豆腐屋さん等が候補にあがり、22名の子どもたちを2グループが分かれて出かけることにしました。お米屋さんでは、初めて見る精米機にびっくり。どうやって白米ができていくのかを詳しく説明してもらいました。お豆腐屋さんでは、「どのお豆腐が人気ですか？」と質問し、一番人気のごま豆腐をお土産に買うなど、特別な体験をしました。

街探検。給食でお世話になっているお米屋さんに行きます（5歳）。

　道を歩きながら、子どもたちは「こっちに行くと〇〇だよ」「小学校は、この道を曲がったところ」「ここ来たことあるな」と口々に話していました。以前から、地域の公園に出かけることはありましたが、街探検は、道を歩くこと、道や街について知っていることを伝え合うことに重点が置かれているように感じました。

　園から街へと自分の地図を広げていく取り組みは、就学を前にした頃にふさわしい体験です。地域の実態に応じて、それぞれの園にふさわしいやり方で実施していただけたらと思います。

グループで分かれていろいろなお店に行ってきたので、他のグループが見てきたことを画像で確認し、情報を共有します（5歳）。

個と仲間の育ちを支える環境と援助のあり方

1 「名のない遊び」を受け止める

　丸太や板でシーソーのような状態を作って遊ぶ子どもたちがいました。2人が片側に立ち、最後の1人が片側に乗ってみました。びくともしません。2対1であり、なおかつ最後の1人が小柄でしたから、さもありなんでした。

　何回か登ったり降りたりしているうちに、何とかして2人を持ち上げてやる！と思ったのでしょうか。遠くから走ってきて勢いよく板に乗る！という挑戦が始まったのです。写真はその一コマです。いくら勢いよく乗ってもやっぱり板はびくともせず、子どもたちは大笑いしていました。

　塩川は「言葉に言い表せない、子どもが自発的に生み出す遊び＝名のない遊び」[1]と呼んでいます。大学のキャンパス内にある子どもたちが自由に遊ぶことができる遊び場では、「名のない遊び」と呼びたくなる遊びをよく見かけます。そこは草が生い茂り、土の山もあり、半分に切った丸太や板が無造作に置かれています。何でもありという雰囲気に満ちていて、保育者もそれを楽しんでいる空間です。「空き地」のような場所なのです。子どもたちの心を解き放つ力をもつ「空き地」のような場所をすべての子どもたちにと願っています。

　保育園では地域の公園を活用することが多くあるでしょう。地域の公園は管理された場所なのでこのような遊びは難しい面があります。園庭は、0歳から5歳までの子どもが利用するので、安全を優先する必要があります。なかなか難しい状況です。しかし、子どもたちは遊びの天才。それぞれの場所で「面白いこと」「やってみたいこと」を見つけると思います。小さな植え込みも、入り込めばジャングルです。出かけた公園で、小さな隙間や草むらに入り込んで笑い合っている子どもた

子どもたちの遊び場で。半分に切った丸太と板で3人の子どもが遊び始めました（5歳）。

＊1　塩川寿平『名のない遊び』フレーベル館、2006年

ちがいたら「名のない遊び」を楽しんでいるのかもしれません。危険な場合は声をかけますが、そうでない限りは少し見守ってみましょう。

　子どもたちは、場の中に入り込み、場の面白さを見つけ出して遊びにしていきます。子どもたちが始めた「名のない遊び」を受け止め面白がる、そこから見えてくることがきっとあるでしょう。

② 子どもたちが発案し創り上げていく遊びを支える

　5歳児クラスの7月、みんなで力を合わせてお祭りごっこをすることになりました。やりたいことを出し合い、4、5人の仲間が集まって準備を進めました。魚のショーをやりたいと言い出した子どもたちは、「水槽がいるよね」と言って積み木で囲みを作り始めました。青いビニールシートを貼りつけると、水槽らしくなりました。

　このあとどうするのかな、と思って見ていると、水族館遠足で買ってきた魚のフィギュアを持ち込んで遊び始めました。魚を工夫して作るだろうという期待は裏切られましたが、子どもたちはフィギュアを動かしながら「イルカのジャンプはどうやろうか」と相談を始めました。

「魚のショーをする」という子どもたち。懐中電灯にこだわった子どもがいます（5歳）。

　写真はお祭り当日の様子です。水槽の前には3歳児クラスの子どもたちが詰めかけ、小さな魚の世界に引き込まれていました。「深海だから必要なんだ」というリクエストに応えて渡した懐中電灯ですが、深海の底にいるタコに光を当てています。仲間で力を合わせて取り組んでいる様子に感心しました。子どもたちによって創り出された「魚のショー」は、保育者が予想していたものよりもずっと豊かなものでした。

　子どもたちは、自分たちでイメージを出し合い、いろいろな道具や物を活用して創意工夫しながら遊びを創り出しています。この姿は、「知っていること、できることを総動員している姿」のように思えました。これからの時代を生きる子どもたちに育てたいものとして「資質・能力の三つの柱」が大切だとされていま

す。三つの柱とは、「主体性・多様性・協働性・人間性など」「個別の知識・技能の基礎」「思考力・判断力・表現力などの基礎」であり、これらは一体的に育っていくといわれます。子どもたちと創り出す遊びや生活の中で育っていく資質・能力です。子どもたちが発案し創り上げていく遊びを支える中で、大切に育んでいきたいですね。

③ 子どもたちが気持ちを傾ける。保育者も気持ちを傾ける

　子どもたちが最も影響を受ける環境は、保育者です。保育者が何を見て、何に驚き、喜び、悲しむのか。どのくらい長くその場にいて、さまざまなことを感じ取っているのかを、子どもたちは敏感に感じ取ります。保育者の仕草、言葉から大きな影響を受けます。写真は、カブトムシの幼虫が気になって仕方がない子どもたちの要望に応えて、保育者が昆虫マットを取り換えながら、カブトムシの様子を見ている場面です。子どもたちと頭をくっつけながらじっとそこにいる保育者の姿から、静かに集中している雰囲気が伝わってきます。子どもたちも同じように集中しています。

カブトムシの幼虫が気になる子どもたち。昆虫マットを取り換えながら様子を見ています。

　幼児期の教育は環境による教育です。子どもたちに豊かな体験を！と願ってさまざまな物を用意しますが、その物に子どもたちが気持ちを傾けなければ、あってもないと同じになってしまいます。子どもたちの気持ちの寄せ方は、保育者が気持ちを向けるかどうかの影響を受けています。保育者の責任は大きいと感じる毎日です。

　「あってもないと同じ物」に囲まれた環境をイメージできますか？

　子どもたちが熱心に遊び、今はもう遊ばなくなったけれどそのまま置いてある物、種まきはしたけれどそのままほったらかしになっている植木鉢、棚の上に積み重ねられている製作物などです。物にあふれていても遊びがない状態です。逆に、子どもが思いを寄せている物は、どんなに小さな物でも生き生きと輝いています。小さな紙に描かれた絵からも子どもの思いは感じられます。

保育室を見回してみてください。「あってもないのと同じ物」はありませんか？
「子どもたちが思いを寄せている物」は何ですか？
それを見極めることから、環境の見直しや保育の見直しが始まります。

④　子どもを真ん中に保護者と連携するために

　幼児期の教育は、学校教育の始まりです。子どもにとって初めての教育であるのと同じように、保護者にとっても初めての学校教育です。わが子を自分以外の大人に委ねる体験をどのように始めていくかは、親として、学校教育とのつながり方の基盤となる重要な体験だと思います。

　幼児期の教育において、子どもを真ん中において保護者と園が信頼し合い連携し合う関係を築いていくことは大きな意味をもつと考えます。本園で実施していることを紹介します。

◆ 本物の楽しい体験を保護者とともに

　本園では、土曜日を活用し、さまざまな親子活動を行っています。その中で大切にしているのは、食べることです。七輪を使って行うマシュマロ焼きは大人気です。気をゆるすと真っ黒に焦げてしまうので、油断大敵です。「気をつけて」「ちょうどいいくらいになった」「おいしいね」と言葉が飛び交います。

　もう一つ、もう一つ、と焼いているうちにコツがわかってきて、そのコツを伝え合う姿も見られます。七輪のマシュマロ焼き、おすすめの取り組みです。火を使う体験は、普段の生活では得られにくくなっているだけに、大人も夢中になります。大人の心を揺り動かすためにも、「本物の」体験を提案しましょう。

親子で集まって野外で遊びます。おやつはマシュマロ焼き。楽しい時間です（5歳）。

◆ 園で使うものを保護者とともに作る取り組み

　園環境の中に手づくりの物があると、温かさが感じられます。制作過程に保護者がかかわるとしたら、楽しさは倍増するでしょう。

　右の写真は、小さな小屋づくりを保護者と行っているところです。大工仕事が堪能な園職員が中心となって材料や道具を用意し、保護者には取り組みやすい釘打ちやペンキ塗りをお願いしました。物を作ることは喜びにつながるようで、製作しながら話が弾みまし

保護者に呼びかけて、広場に設置する小さなお家づくり。

た。その様子を子どもたちがよく見ています。多くの保護者の協力を得て作成した小屋は、子どもたちの大好きな場になりました。

◆ 子どもたちが遊びや生活の中で学んでいることを伝える

　幼児期の教育は説明しにくく、「ただ遊んでいるだけ」と思われてしまうこともあります。子どもたちが遊びや生活の中で、さまざまに感じ、考え、探究している姿、友だちとかかわる中で、時には葛藤を体験しながらも人とかかわる力を身につけている姿など、伝えていきたいことがたくさんあります。そのような時、画像を活用した掲示物（ドキュメンテーション）を作ることは効果的です（図）。

　遊びの一場面を切り取った写真と、その写真から見えてくる子どもの思いや取り組みの様子を短い文章で記載します。その日の記録をその日のうちに作成することが基本になるので、作成に時間をかけすぎないことが大切です。30分程度で作成することを目安にすると、負担が少ないでしょう。

　作成したドキュメンテーションは、1日の記録として活用したり、クリアファイルに綴じ込み保護者会等で回覧するなど、いろいろと活用します。子どもたちの遊びを伝えようと努力することで、子どもの遊びをとらえる目が養われます。❀

◇◇◇ 組
●●年●月●日

なんで？は続く...

「消える絵持ってきたよ！」と見せてくれた。みんなで作ってみるも、「ぜんぜんきえない〜」不思議！

パウチする前にもう一枚アクリル板をはさんだことを思い出した。

消えた〜！「なんで〜？」「これも反射だよ」「消えないけど、増えた〜」見る角度をいろいろ変えて試してみる

昨日とってきた野菜をさっそく

大根は上、真ん中、下で味が違うんだよ、栄養士の先生が教えてくれました。
子どもたちは、白菜をどうやって収穫してきたかを教えます。
ふろふきだいこんと、白菜炒めにして食べました。おしいかった〜と満足そうでした

オリンピック計画　ついに　始動！！

いよいよオリンピックの会議。やりたい競技をいう人、必要な係りを提案する人。「オリンピックならキャラクターが必要でしょ」「メダルもね」月曜日のオリンピック会議では、競技を決める予定です。

図　ドキュメンテーションの一例

第**2**章

4歳児の 遊びと生活

1

ついたて・積み木・椅子等を使って

気の合う友だちとの遊びの中で、互いに思いを出し合い、遊びを創り上げる楽しさを味わうようになってきました。いろいろな友だちとの出会いの中で一緒に遊ぶ経験を重ね、親しさを味わっていかれるようにと願っています。

そのためには「2〜5人ぐらいで固まって遊べる場」が必要。「場を作ること」から始めていくのがポイントです。

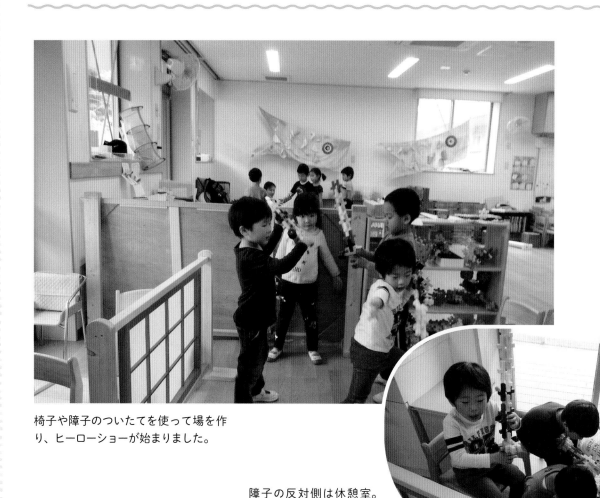

椅子や障子のついたてを使って場を作り、ヒーローショーが始まりました。

障子の反対側は休憩室。激しく演技をしたあとは、休憩室で休みます。

> 2つの果物屋さん、
> 開店しました！

「いらっしゃいませ」果物屋さんが2店オープンしました。果物の並べ方や品ぞろえは、それぞれのお店で違います。そんなところにもこだわりが見えます。

ハンバーガーを作り、ハンバーガー屋さんがオープン。
「メニューです。何にしますか？」「来た人は名前を書きます」
「お金はここです」それぞれ役割があります。
お客さんも「何にしようかなぁ」とうれしそうです。

> ミニコンサート
> が始まるよ

ブロックで楽器を作って、演奏する真似をしています。一曲ごとに「ちょっと楽器変えてくる！」と、また違う楽器を作ります。

> ハンバーガー屋さんの
> 店構えが
> しっかりしてきました

環境構成のワンポイント

●障子タイプのついたての詳細

・すき間があるのものぞけていいようです。

・軽いので子どもも動かせます。

・少し幅があるので物が置け、遊びにもつながります。

・障子で光が入るので、圧迫感、閉塞感なく遊べます。影に気づいて遊ぶ子どもも。

Memo

✓ 積み木・段ボール・ついたて・椅子など、場を作るものが身近にあることで、子どもたちの遊びは始まります。

✓ 「自分たちで作る」ことは、自由を手にすること。子どもたちがやりたいように遊びを進められるよう、支えていきましょう。

第**2**章 **4**歳児の遊びと生活

2 少し高いところ

子どもたちは、「少し高いところ」に上るのが大好きです。道を歩いていても、縁石の部分を歩きたがるように。
保育室の中にも、台や積み木を使って少し高いところを作ると、うれしい遊び場になります。
大好きな少し高いところで子どもたちはどのような遊びをしているのでしょうか。

釣りごっこをしたい！と遊び始めた子どもたち。釣竿を作り魚も作って、いよいよ開始です。
初めは床の上で釣っていましたが、上からも釣れるようにしたいと、橋を作りました。高い場所ができたことで、遊びがより面白くなったようです。釣り屋さんもオープンしていました。

段差があると遊びが盛り上がる

ラーメンを作ると、ラーメン屋さんがオープン

病院の先生は少し高いところで患者さんを見ながらお仕事

高くなった場所には友だちも寄ってきます。

囲うと、居心地のよい家になります。

環境構成のワンポイント

★「少し高いところ」が好きなのはなぜ？

●上に上がりたくなる

小上がりの場を作ると、ごっこ遊びが始まります。場所を変えると、ブロックをじっくり楽しむ場にもなりました。ちょっと高いところは、いつもより目線が高くなるうれしさや特別感があるのかもしれません。

●場に変化が生まれ、遊びが面白くなる

ごっこ遊びの場に高さが加わることで、イメージが広がるようです。見ると何だか楽しそう。友だちの興味も強まります。

●高さは低くてもOK！

積み木1つ分だけでも十分変化を感じるようです。ベッドや椅子、家などさまざまなものに見立てています。

●段差を作るアイデア

組み合わせたステージや、中型積み木、ベンチ、椅子などいろいろなものを並べて、組み合わせて、高さを感じています。積み木は安定するように場を広くとり、養生テープで固定しています。

積み木を敷くことで少し高くなり、ベッドになります。病院の入院ベッドになり、ベッドでご飯を食べるテーブルも設置されています。

積み木を組み合わせて、2階建ての家を作っていました。「ここ危ないから貼ろう」と、積み木が動かないようにテープを貼ったり、階段を作ります。長い積み木の下には柱として四角い積み木を入れるなど、工夫しながら作っていました。

第2章 ④ 歳児の遊びと生活

17

3

屋根が
あること

子どもたちがイメージを広げて楽しく遊ぶために、どのような場があったらよいかと考えた時に欠かせないのが「屋根」です。

1枚の布を上に張っただけで、その場が急に「家」に変わります。天井が低くなる、同じものでおおわれる、まとまりのある感覚がもてるなど、いろいろな要因がありそうです。

屋根ができたことで遊びが広がっていきました。

テラスも居心地のよい場所の1つです。布を張って天幕のような屋根をつけたことで、パン工場ができ、遊びが始まりました。

> 屋根がつくと暮らしが
> 始まります

椅子に座っているのはおひなさまとのこと。「あかりをつけましょぼんぼりに〜♪」と歌っていました。

お家ごっこを楽しみます。洗濯物を干している様子。高さもちょうどいいです。

椅子を持ってきて、囲ってタクシーが出来上がりました。お客さんを乗せて出発します。

天井が低いと何だか落ち着きます。

園庭の家に屋根をつけたいと、布を持っていきました。家は映画館になり、お客さんが見に来てくれました。

布が2か所ついたことで、「こっちがお店でこっちがお家」とイメージが膨らみます。

環境構成のワンポイント

★ 屋根のつけ方、作り方のコツ

● どこでもできる！
テラス、保育室、屋外。どんな場所も布を張ると、遊びの場になります。

● S字フックを使うと便利
場所によって広さが違うので、ひもで長さを調節しています。結びにくいところはS字フックをつけて、隙間などにひっかけます。

● 低い屋根が魅力的
低い屋根も、子どもたちにとっては魅力的な場になります。ちょっとした隠れ家になるようです。タオルかけ、パーテーション、積み木などを使い、テープで貼りながら、「ここに屋根をつけたい」という思いを実現していきます。パーテーションを2つ使って布を渡して作ると、場を移動したり、とっておくことができます。

屋根の布を張り区切れる布を垂らすことで、家ができました。この日はヒーローの家に。ご飯を食べに来る人、眠りに来る人、部屋で開いていたパン屋さんが配達にも来てくれました。

4

青色シート 大活躍

青いビニールのシートがあることで、ごっこ遊びのイメージが膨らんでいきました。

屋根にしたり、海にして魚を泳がせたり、船の周りに敷いたり、家のお風呂になったり、雨の水たまりになったり…

時にはただ、布団になることも。

日常の遊びの中に青色シートがあることで、アイデアが広がっていきます。軽くてあつかいやすいです。

透明感のある青色シートを床に敷けば水のイメージ、上につければちょっとした狭い空間が作れます。
いろいろな人が入れ替わり立ち替わりやってくるようになりました。

床に敷くと……

作った船を浮かべる海と、隣にもう一つの海。「海に橋をかけるのはどう？」「そうしたら歩けるね」イメージが広がっていきます。

「海ができたよ」とうれしそう。さっそく作った魚たちを泳がしています。長い積み木の上にシートをかけて、病院のベッドに。

ある日のこと……

雨が作りたいなあ

「雨作りたい」「ぬるぬるのもので作るのがいい！」とスズランテープを選び、雨を作りました。水たまりの上に寝ころんで、雨の中での暮らしを楽しんでいました。

屋根にすると……

ついたてに青色シートをつけると、透明感のある屋根ができました。これなら子どもたちでも作れます。

環境構成のワンポイント

★ 青色シート活用のコツ

● ビニールポリ袋で作れます

青色シートは、ビニールポリ袋を切って開いて作ります。透けるタイプだとイメージが広がります。

● 何枚も用意します

何枚も用意することで、それぞれの遊びの世界が広がり、数人でも楽しめるものになります。

● 専用の入れ箱

自分たちで出し入れできるよう、青色シート専用の箱を作って入れています。

5

保育者の
かかわり

ついたてや1段高い台、屋根など、場に変化をもたらすものがあると、遊びが豊かになっていきます。しかし、それだけで豊かになるわけではありません。子どもたちの様子を見て場を作り直したり、微調整する保育者のかかわりが大切です。

重要なのは、子どもたちが何を楽しんでいるのか、何を実現したがっているのかを見極める目です。

紙飛行機を作って遊んでいた時のこと。作ったら飛ばしたくなる子どもたち。その様子を見て、思いきりできる場所はないかと保育者は考えて、廊下のスペースに新聞紙で作った輪を吊るしてみました。すると、「えい！」「入った！」と大喜び。ちょうどよい的になりました。

どんな時、保育者は場を作ったり微調整したりするの？

いくつかの遊びが始まりました。それぞれに集中して遊べるといいなと思う時、遊びと遊びの間についたてを立てたり、机の位置を少しだけ変えたりします。

すると、どうなる？

積み木を組み合わせて、動物の家を作っています。じっくり組み合わせて作る遊びでは、場をついたてで囲うと落ち着ける空間になります。

手前の中型積み木では魚釣りをしています。奥のスペースは、ブロックや虫を見る場に。パーテーションの隙間は通り道にもなります。区切ることで、それぞれの場が充実しました。

環境構成のワンポイント

★ 環境を微調整するタイミングは？

● 遊びが変化した時に
それぞれの遊びをじっくり楽しめるように、遊びが広がる時は少し場を広くしたり、遊びが変化した時に位置を変えたりと、遊びと遊びの間についたてを置けるよう、調整しています。

● 生活の切れ目に
食事の前に一度ついたてを片づけて集まるので、食事の後の遊び始める時に場を整えます。

● 子どもたちも場を作る
子どもたちが自分からついたてなどを動かすようになって場を作っているので、その時は見守るようにしています。

Memo

✓ 夢中になって遊んでいる時、子どもは他人との距離感に対しては無頓着です。保育者が、それぞれの遊びが取り組みやすいように場を少し調整すると、遊びが保たれるようになります。

✓ 気持ちよく遊べた体験は子どもたちの中に残ります。大事な経験の積み重ねです。

①

遊びを支える さまざまな 道具 その1

子どもたちは身近な環境にかかわり、さまざまな遊びを展開していきます。中でも草花を摘んで作る色水遊びは、大好きな遊びです。

水に触れる心地良さや、草花が浮かぶ様子、すりこぎですることできれいな色が出てくる喜びなどを味わっています。

これらの遊びは「道具」によって支えられています。子どもが作り出す遊びにおいて、「道具」の存在は大きいです。

朝、数人の子どもたちと園庭の花を摘んできました。花を大きなザルに入れておくと、早速その花を使って色水遊びが始まりました。すり鉢やカップ、白いトレイなどの道具があって遊びが進んでいきます。

どんな道具があるかな？

すりこぎ・すり鉢
両手を使って身体でリズムをとって使っています。

白いトレー
色水の美しさが際立ちます。

泡だて器、ボウル、石鹸、おろし器
フワフワの泡を作るのが楽しい！

どんな場所で使う？

テラス・机　壁寄りに置く
友だちと横並びでじっくりと取り組んでいます。

環境構成のワンポイント

★ 保育環境の中の道具は？

・小さなカップやせっけんなど、いくつも作って試せるよう、十分な数を用意します。

・すり鉢やおろし金など、安全面を考えながらも、大人が使っているもの、本物に近いものを選んでいます。

★ 道具を出すとき、こんなことに気をつけています

・道具の出し入れも子どもたちと一緒に行いながら、扱い方や仕組みなどを伝えています。

・子どもたちの遊びの様子や季節に合わせて、自分たちで取り出したり、片づけたりできる位置に置いています。

Memo

✓ 色水の美しさが際立つように、容器は白や透明のものを選びます。

✓ 残った色水を流す場所が近くにあると、いろいろな花びらで何度も試して遊べます。

2 遊びを支える さまざまな 道具 その2

保育室にもいろいろな道具があります。道具を使うことで、子どもたちは物が変化したり、美しくなったりすることを知ります。子どもたちの遊びが豊かになっていくポイントとなっているのが道具です。

製作コーナーにも道具があります。保育室内にある道具を使う姿を紹介します。

散歩先で集めてきたいろいろな貝殻。それぞれの帽子やカバンに入れて持って帰ってきたものを、ザルにあけて、一つひとつ種類ごとに分けていきます。

小さく仕切られたケース
種類に分けることで、違いに気づきます。

何枚もある皿
拾ってきたドングリを数えてみる時に皿があると便利です。

トレシングペーパー
絵本や図鑑の絵をトレシングペーパーで写すことが楽しくて、どの絵にしようか選びながら、なぞったり、色を塗っています。

養生テープ・ひも・布・洗濯ばさみ
イメージを出し合い、場を作って遊ぶ楽しさを味わえます。

環境構成のワンポイント

★ 役に立つ・モノや道具　使い方のコツ

● 下準備が大切

紙の皿やプリンカップ、ひもなど簡単に切ったり、テープで貼ってつなげるなど、子どもの力で加工しやすいものを用意します。自分たちのイメージに合わせて変えたり、組み合わせたり、壊れた時も自分たちで直すことができます。

● 子どもたちのアイデアが入り込めるように

物や道具の間に子どもたちのアイデアが入り込む隙間があると、いろいろと使ってみる楽しさが生まれます。

● 子どもたちの身近な物を活用する

例えば「病院のカーテンが作りたい」となった時、大きな布を持ってきて大人の力を使って天井から垂らせば、素敵なカーテンになります。ひもを張って、小さな布と洗濯バサミがあれば、子どもたちの力だけですてきなカーテンができます。物の使い方は1つではないことに気づくと、子どもたちは身のまわりを見まわして、すてきな遊び道具に変えていきます。

3

屋外に 持っていく物

屋外に出かけると、ワクワクするような出会いや驚きが待っています。心が解放されて、大人も子どもも外の空気を吸い込み、遊び始めます。

屋外で遊ぶ楽しさを味わうと、部屋の中でやっていた遊びの楽しさを外の世界にも連れて行きたいと感じたり、外での素敵な出会いを一緒に連れて帰りたいという声が上がります。外の世界と中の世界をつなぐ物は、子どもたちのそんな気持ちに寄り添ってくれるのでしょう。

折り紙を折って遊んでいて「散歩に持っていくの」と大切に持ってきました。それは地図だったようです。室内で遊んだことと屋外に出かけることがつながっていきます。

屋外遊びの道具：持っていくものいろいろ

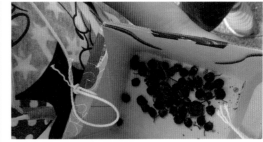

散歩に出かけると、素敵なものが落ちています。大切に拾って帽子へ。小さなものはビニール袋へ。拾うことをもっと楽しめるように、自分で作ったバッグを持って散歩へ出かけました。それを見て、「ボクも作りたいな」とバッグを持って散歩に出かける人が増えています。

場を作るのに必要なもの。以前作った家に屋根をつけようと、この日は布を持って散歩へ。イメージ通りの屋根になったようです。

拾ってきた木の実。一つひとつ種類を見ながら分類するのも楽しいひととき。

環境構成のワンポイント

●カゴやバッグ

手に持っていると、転んだ時にケガをしてしまいます。持ちにくいものだと、落としてしまうかもしれません。背中に背負うバッグや子どもサイズの小さなかごがあると、持ちやすくなります。

●子どもたちと一緒に考えよう

たくさん遊んだ散歩の帰り道、次はこんなものがあったらいいかも！と、子どもたちとアイデアを出し合うのもいいですね。

段ボールで作った電車。広場に持って行って遊ぶと楽しいです。

4 屋外で過ごす 場・物

屋外に落ち着いて過ごせる場所があると、子どもたちは自然の物を活かして遊ぶようになります。「見て！こんなものがあったよ」と見つけることから遊びが始まります。

発見のうれしさを友だちや保育者に受け止めてもらったり、一緒に楽しんだりする中でイメージがふくらみ、屋外での遊びが豊かに広がっていきます。

広場に行くとまずはシートを広げます。そこが拠点となり、子どもたちは走り出します。そして、ひと休みしたくなるとシートに戻ってきます。

屋外で活躍するものいろいろ

ベンチ　　木の棒　　石・虫

木を調べる道具

つりざお

水たまりをツンツン

化石集め

寝たり、大事なものを並べたり

楽器

混ぜる道具

家を作る材料

イナゴを捕まえたよ

雨!?だけど大丈夫!

雨の後には!

雨上がりの水たまりで遊んでいますか?
天からの恵みを活かさない手はありません。
もしかしたら、虹が見られるかもしれません。

外に出かけようと出発した途端に雨が。「どうする?」と相談。「もっと降ってきたら、屋根のあるところか木の下に行く!」という意見が出て、進み続けました。

環境構成のワンポイント

★ 屋外にある物を活用するコツ

●偶然を楽しもう

屋外にある物は、その日その時で異なります。大人も子どもも、まずはその偶然を楽しみます。

●危険なことに出会ったら

時には困ったことや危険なものもありますが、想定外の物に出会うのが外の世界です。「これは、こうやって使えば、安全に使えるよ」「これは毒があるから触らないように気をつけようね」と、その都度子どもたちと確認することで、屋外にあるものとの付き合い方を学んでいきます。そのためにも、保育者が知識をもっていることが大切です。

第2章 ●●●● 4 歳児の遊びと生活

31

5

自然の中に入り込んで遊ぶ

子どもたちは、身の回りにあるものを取り込んで遊びます。

土や石、草や葉など、自然に触れて遊ぶことができる場所に出かけたら、自然の中に入り込んでじっくり遊べるようにしたいですね。

人工物で遊ぶのとはまったく違う世界です。慣れていないと「何して遊べばいいの？」という声も出がちですが、繰り返し出かけてゆっくり過ごしていると、こんな具合に遊べるようになります。

「化石みつけた！」たくさんの石が並びます。石を砕いたり、「いいこと考えた！」とススキをとってきたり。そのススキでサッサと土を払っていました。

山のそばで過ごす時間

山の上にベンチを持参して座ります。

落ちていた木の枝を活かして家を作ります。

なかなかいい家ができたぞ！

家を飾り付ける専門の人

山のそばに丸太などで作った家は、久しぶりに行くと、台風で屋根が飛ばされていたり、他のクラスの友だちが遊んだ跡があったりと、少しずつ変わっています。みんなの場所ということがわかっているから、新しく加わる子どもにもオープン。あるときは映画館、あるときは二階建てのお家。あるときは休憩する場所。あるときは遊び場になります。

どんぐりころがしを専門に作る人

環境構成のワンポイント

★ 自然の中で遊ぶコツ

● まずのんびりしよう

大事なのはのんびりすること。落ち着ける場所を見つけて、のんびりする。鳥の声に耳をすましたり、空を見上げたりしてゆっくり過ごします。

● 不揃いなものを楽しむところから

形が揃っていなかったり、必要なものは見つけなくてはならなかったり……。自然の中にいると、室内では当たり前のことが当たり前ではなくなります。コントロールが利かない状況を楽しめるかがポイントです。

● 自然の中では、何でも大丈夫になる

「そういうこともあるよね」を合い言葉に過ごしていると、自然の中で起こることをすんなり受け止めることができる気がします。部屋の中では気になるイメージのズレも、自然の中に身を置いていると、「あの子はこういうふうにしたいのね」と、受け入れてしまえそうです。

1

多様な素材を使って

作ることが楽しくなった子どもたちは、いろいろなものを作りたい！と言い出します。また、今まで出会っていない素材を出しておくと「作ってみたい」というイメージが出てくるときもあります。環境の中に多様な素材が加わることで、体験が豊かになっていきます。多様な素材との出会い、大切にしたいです。

コルク栓を製作コーナーに置いておいたら、何かを作りたくなり、人形ができました。次は人形の家を作ります。布でじゅうたんを敷いています。

カード
オクラスタンプ

新聞紙
花紙

新聞紙を丸めて恐竜づくり。「色はどうしよう…」と考え、黄緑色の花紙を取ってきて貼りました。

収穫したオクラをスタンプにして遊んだ日の午後、「チケットに使いたいから」と、オクラのスタンプを映画館ごっこの遊びの場に持っていき、すてきな映画チケットを作っていました。

染紙　丸い紙

段ボール

作った染紙でお財布を作ります。「お金も入れなくちゃ」と紙を丸く切ります。できあがると早速お財布を持って、ハンバーガー屋さんへ出かけていきました。

5歳児がビーチサンダルを作って履いていたのを見て、自分たちも段ボールを切ってサンダルを作り始めました。できあがったサンダルを履いて歩いてみています。

環境構成のワンポイント

★ 多様な素材を使うためのアイデア・コツ

● 子どもが言い出して使えるように

「○○したい」「こういうのがほしい」と子どもたちが言い出せるように、さまざまな素材があることを普段から知らせておきます。他のクラスの子どもたちの遊びからも刺激を受けます。

● 素材を選べる環境が大事

紙一つでも、厚さや風合いなど、多種多様です。園の教材庫に多様な素材を保有しておくと、選ぶことができます。そのために、保育者自身が多様な素材に対する興味や関心、知識をもっておくことが大切です。

芋のツル

芋ほりで集めたツル。クルクル巻いてリースに。

第2章
4
歳児の遊びと生活

35

2

イメージが沸き起こる

子どもたちは、物を作ることが大好きです。教材庫には、空き箱や空き容器などの素材や紙、テープ、段ボールなどさまざまなものがあります。
材料に触れながら、作りたいイメージがわくこともあり、先にイメージがあって、それに合うものを見つけることもあります。
作りたくなる環境の中で、子どもたちが始めたことを紹介します。

絵本や図鑑の絵をトレシングペーパーで写すことが楽しくて、どの絵にしようか選んでいます。

紙に書いた小さな丸に、1、2と数字を書き、ハサミでていねいに切り取り、箱に貼りつけていきます。パソコンのキーボードのようです。

製作ワゴンから見つけた青い画用紙を慎重に切っていくと、少しずつ船の形ができあがってきました。近くで他のことをしていた友だちも作りたくなったようで、同じように紙を探して作り始めました。

ある日のこと

給食後、「アゲハチョウになりたいから」と羽根を作り始めると、「何だろう？」と見に来る人。すると……
「わたし、モンシロチョウになりたい！」
「トンボになりたい」
と夢が広がり、それぞれ必要な材料を集めて作り始めました。

いつのまにかたくさんの昆虫たちが誕生しました。カマキリ、トンボ、チョウチョ、キアゲハ…どれも子どもたちにとってなじみのある虫たちです。

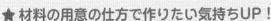

環境構成のワンポイント

★ 製作ワゴン これが大事！

・時期や用途によってワゴンに置くものを変えます。
・サインペンは色が出るか、色鉛筆の芯は削れているか毎日確認します。
・紙も多様な形、色、材質を用意すると製作の可能性が広がります。
・布や毛糸などは、秋から冬にかけて活躍する材料です。

★ 材料の用意の仕方で作りたい気持ちUP！

・小さな毛糸玉がかわいい　・小分けの箱がいい感じ
・紙テープが使いやすくなってる！

「蜜食べないと、お腹空いちゃうから」と花を作り、蜜を飲んでいました。

3

いろいろ
組み合わせる

遊んでいる途中「こんなものが必要だ！」と思いつくと、あれこれ考えながらイメージにぴったりのものを探し出します。見つからない時は、自分で作っています。

作ったもので遊んでみては、「これもあったらいいな」と、さらにいろいろなものが遊びの場に持ち込まれていきます。そうして遊びの場がどんどん豊かになっていくのです。

積み木や動物のフィギュア、ブロックなどを使って、場を作って遊び始めた子どもたち。いろいろな人が入れ替わり立ち替わり、少しずつ付け足したり、変えたりしながら作っています。
「博物館ができました、見に来てください」「こっちはトラのおりがあるよ」と、おしゃべりしながら作っています。

積み木を並べて恐竜のフィギュアを置き、家を作っていました。隣に別の部屋ができると、「博物館ですよ、見に来てください」。

積み木が入っていた箱も、部屋の代わりになります。ここはトラの家になったようです。「そうだ、泳ぐところも必要だよ」青い色の洗濯ばさみの玩具をたくさん入れると、池ができました。

おしゃべりしながら作っていると、こんなに広い場所になっていました。

環境構成のワンポイント

★いろいろ組み合わせて　イメージをひろげて遊べるように……多様な素材と出会える場所を用意しよう！

● 半透明のケースで収納すると何がどのくらい入っているのかがわかりやすい！
・空き箱、多様な紙、テープ類、毛糸、紙皿、カップなど

・子どもたちが自分で選んで使えるように、下の段に空き箱などを収納。

4

作る人が
いるから…

子どもたちのすぐそばに、物を作る人がいたら、どのようなことが起こるでしょう。

「何でも作る人」、用務主事のSさんはこう呼ばれています。本書の中でも頻繁に出てくるSさんですが、この日も工房には、いろいろなことに関心をもつようになってきた4歳の子どもが集結していました。

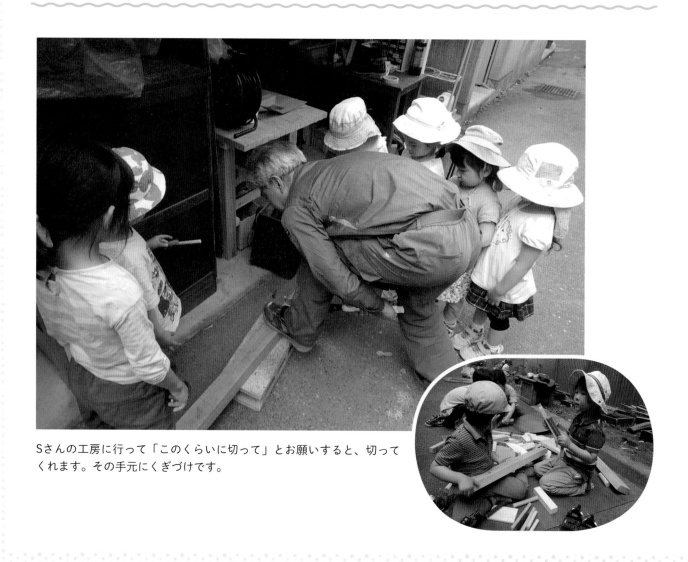

Sさんの工房に行って「このくらいに切って」とお願いすると、切ってくれます。その手元にくぎづけです。

できたての物を使う

試しに使ってみます。「もっとこうして！」「あれも作って！」と意見を言います。

塩ビ管で水路づくり。塩ビ管をのせる台をいろいろ見つけてきてやってみます。

手伝う

Sさんと一緒に畑の土運び。手伝うことがうれしくてたまりません。

直してもらう！

何かが壊れると、「修理してもらわなくちゃ！」。
大切な虫かごが壊れてしまったので、Sさんの元へ。どうやって直すのかな？と真剣な表情で見守ります。

環境構成のワンポイント

★いろいろなものを組み合わせて遊ぶコツ

●物を大切にする

Sさんは廃材を上手に使って家具を作ります。木製の傘の柄は、活用しやすいそうです。廃材を活用して、生活の中で使える物を作ることを知って、子どもたちは物を大切にするようになりました。

●いろいろなことを思いつく

これはどうかな？このくらいの大きさの棚があったらいいかな？など、考える楽しさがあります。既製品の家具にひと工夫することで、使いやすくなることもあります。

●だから…　「作る」ことを身近にしよう！

園の職員、保護者、地域住民など、呼びかけてみると「作り手」が見つかるかもしれません。また、簡単なところから始めてみたら、あなたも「作り手」になれるかもしれません。木工、裁縫、栽培など、いろいろな「作る」があるので、挑戦してみましょう。

1

小さな
生き物との
かかわり

子どもたちは、小さな生き物に興味を抱きます。ダンゴムシやテントウムシなどに始まり、バッタやカマキリ、チョウ、トンボなど、追いかける虫は広がっていきます。出会った虫たちが暮らしやすい場を飼育ケースに作ると、そこで暮らす様子を見ることができます。
小さな命を大切にしながら、身近に暮らす場所を作ると、子どもたちと小さな生き物とのかかわりが継続します。

虫かごをのぞき込むと、何とハチが!!「あれ、何で？」「誰も捕まえてないよね」「虫を食べようと思って入ってきたのかな？」
図鑑で調べてみると…ハチは幼虫に寄生すると書いてあります。
「ちょうちょの幼虫にたまごを産んでいたんだ」「そうだね、お家にしていたんだ」「だけど（幼虫は）とうめいじゃないから、見えなかったんだ」と、自分たちで謎を解明していました。
その後さらに虫かごをのぞいていると「これってハチのさなぎかも！」
探究は続きます。

畑でトカゲを発見！

畑の脇でトカゲを発見！保育者が素早く捕まえると、「トカゲがいた！」と大盛り上がり。園に連れて帰ると、手に乗せたり、箱に入れて観察。
図鑑で種類を調べて「ニホントカゲの子どもだ！」と大興奮です。

「さなぎの色が変わってる！」
朝から見ていると、なんとチョウが出てきた！
「やっぱり、キアゲハだった～」と大興奮。

飛べるかどうか見守っていると、翌朝、飛べるようになっていました。網をあけると、あっという間に飛んでいきます。「げんきでねー」

環境構成のワンポイント

★ 飼育コーナーにあるもの

● 虫かご・小さなほうきとちりとり
捕まえてきた虫を入れます。土や餌になるからととってきた草も入っています。カマキリの卵（赤ちゃん）用、蝶の幼虫用、カブトムシ用など、大活躍です。小さなほうきとちりとりは、土の入れ替えをした時などに使います。

● 虫図鑑、飼育図鑑
何を食べるのか、どう育てるのかを調べます。

● 虫用霧吹き
幼虫や虫の世話用です。

● 新聞のシート
虫を見る時に敷きます。ガムテープで縁どっています。

● ネット
蝶がサナギになった時、羽根を傷つけずに羽化できるよう、洗濯ネットで作った網の中にさなぎを入れます。

カブトムシの幼虫がサナギになったので、お引っ越し。毎日カブトムシになったか確認します。成虫になった時は、みんな大喜びでした。

2

カイコを
初めて飼った!

初めてカイコを飼ってみました。今まで出会った生き物とは、様子が違います。
子どもたちは興味津々。保育者も興味津々。小さな生き物とのかかわりを積み重ねてきた子どもたちが、初めて見るカイコとのかかわりを楽しむためには、保育者の環境整備が欠かせません。

カイコをじっと見つめます。虫眼鏡でものぞいてみます。「幼虫ってなんで葉っぱしか食べないの?」「おしっこは出ないのかな?」等、いろいろと考えていました。「かわいい!」友だちが触っていると、何だかかわいく見えてくるようです。

カイコと子どもたち、かかわりの記録

カイコをいただき、4歳児クラスと5歳児クラスで育てることになりました。育てたことがある5歳児クラスの担任から、詳しく飼育方法を聞きます。
「桑の葉っぱしか食べない」「1週間くらいは、触るとやけどしてしまう」「水が嫌いで、触れると病気になってしまう」など、今まで見たことのない白い色の幼虫を、驚いたように見つめています。

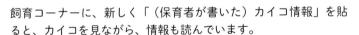

飼育コーナーに、新しく「（保育者が書いた）カイコ情報」を貼ると、カイコを見ながら、情報も読んでいます。

繭ができました！振ってみると、カラカラという音。中を傷つけないよう、繭の先をハサミで開けてみると…中にはサナギと抜け殻が！

環境構成のワンポイント

★ カイコさんとの日々で工夫したこと

● いつでも見られるように

子どもたちがいつでも好きな時に見られるように、飼育コーナーに場所を作りました。

● 桑の葉とりを日課に

散歩の時に桑の葉をとって帰り、あげていました。お世話をしている気持ちが膨らんだようで、毎日箱を開けて中の様子を見たり、手に乗せてかわいがっていました。

● 繭になる準備は確実に

身体がシワシワになってきたら、もうすぐ繭になります。繭を作れるよう、トイレットペーパーの芯を細く切ってカイコの箱の中に小部屋を作ります。繭ができると、「これもうすぐなるかも！」と、他のカイコもよく見るようになりました。

人形のためのお家を、カイコのお家に。小さなカイコのために、新しい布団やブランコを作って乗せています。

③ 散歩に行くたびに何かを見つけて

屋外に出かけると、草花、虫、木の実などに出会います。行く場所によって、見つかるものが違い、どこに行けばどの虫がいるのか、何の木の実があるか知っていきます。あの遊びがしたいから、この虫がいるからと、目的に応じて行きたい場所が決まります。

季節によって変化していく自然と、行くたびに新しい遊びや自然物を見つける子どもたち。散歩での出会いは、一人ひとりの特別な思い出となるようです。

部屋には、子どもたちが持ち帰ってきたものがたくさんあります。アジサイのドライフラワー、木の実や貝を小分けにした小瓶、花瓶に飾った草花、大きな葉っぱに木の実やススキなどで作ったモビール。一つひとつにそれぞれの思いが込められています。

「おまめがある！」「色が違うね」「これ食べられるかなぁ？」菜の花の種を見つけました。

チョウを追いかける！自分にとっての"いいもの"をさがして

中に入り込める草むらがあれば、たくさんの発見があります。触れて、摘んで、遊んで。感触、におい、音など、五感で感じている子どもたちです。

「わたしたち、チョウチョなの」と密を吸っています。

環境構成のワンポイント

★ いろいろな物を見つけたり、気づいたりするコツ

● 一緒に驚く

子どもたちの気づきに一緒に喜んだり、驚かされることがたくさんあります。その中で見つけること、見つけたものでじっくり遊べるよう、時間と場を保障します。

● そして…

・花束を作った子どもから、「飾りたい」という声が上がりました。花瓶に入れて、給食時に飾ります。

・部屋に飾ったり遊んだりしながら、外遊びの余韻を感じます。

・持ち帰ったものは、モビール、ネックレス、色水などにも使います。

・持ち帰ったものにどんなものがあるのか。種類別に分けると、「あ、これ一緒だ」「これまだないね」と、新たな気づきがありました。

4

色水との
かかわり

初めて出会った色水は、花をすり鉢ですって混ぜてできた自然の色でした。色が作れることに驚いていた子どもたちでした。

絵の具では、混ざることでの変化に気づきます。少し混ぜる、全部混ぜる、これとこれを混ぜてみるなど、子どもによって方法はさまざまです。

草花、絵の具、野菜、チョーク、クレープ紙…作るたびにできる色が違います。だから、何度も何度も試したくなります。

できあがった色水を混ぜるとさまざまな色ができます。いくつもできたので、お盆の上で色合いごとに分けます。左からジュース、ブドウ、ソーダ、抹茶、コーラだそうです。

「ソーダが足りないから作らなくっちゃ」。次第に、目指す色を作るために必要な組み合わせがわかってきます。

何を使って色水を作る？

① 花を摘んでつくる！

摘んできた花や葉っぱをすり鉢ですって、カップに入れて、最後に花びらをトッピング。

色とりどりの
ジュースに！

② 雨の日だから…絵の具でつくる！

雨だから、色水に使う草や花を取りに行けない！絵の具の色水で。赤・黄・青の3色をいろいろに混ぜると…

「紫になった！」「緑だ！」
スプーンで丁寧にすくって作ります。

③ もっといろいろなものでつくる！

紫キャベツをもんだり、すり鉢でほうれん草をすりつぶすと…「みどりになった！」「トロトロしてるね」お酢を入れると「ピンクになりました！」

せっけんを削って、泡立て器で混ぜて、泡遊び。チョークを削って入れると、泡に色がつきます。

作った色水をどうする？

① 凍らせる！

昨日作った、色水と花のジュースを冷凍庫で凍らせました。朝、出してみると…

氷の中に、花びらが浮かんでいる！きれいな世界。

② 遊ぶ！

「いらっしゃい、いらっしゃい！」 ジュース屋さんごっこは楽しいです。

「リンゴジュースください」　このお店はボトルで販売。
「どうぞ」「それはカルピス
です」

もっと作りたい！と
花を摘みに行く人。

③ 飾る！

作った色水を小さなビニールの袋に入れると…
「きれい！」「もっと作る！」少しづつ色が違う色水が並びます。

Memo

✓ 色を感じる遊びです。色水遊びに登場する道具は、透明、白など、色のないものを使いましょう。色の美しさが際立ちます。

5

色の探究

色水を作って遊ぶことを楽しんでいた子どもたち。色に対する興味は尽きることがなく、絵具で絵を描いている時にも、色を感じている姿がよく見られました。

絵具遊びの後片づけも、色を味わう機会になります。「〇〇みたいになった」「こうすると、こんな色になる」と予想したり、結果に驚いたり、色への探究が続いている子どもたちです。

自分で色を選び、個別のパレットに使いたい色をとり混ぜることで、自分だけの色を作って楽しんでいます。水で薄めて思いどおりの色になったので、さっそく絵を描くことにしました。

パレットを使い自分色づくり

「いろいろな色のあじさいなの」

絵具の片づけ＝色を感じる時間

絵具の片づけは、余裕をもって行いましょう。色が変わっていく様子を存分に味わうことができます。

染紙で使った食紅の色水とスポイトで

染紙の時に使った、食紅の色水。今日はスポイトで少しずつとって色水遊びに。でもなぜか、最後は緑色になる不思議。

色を全部混ぜたら黒に！黒くなったところに水をたくさん入れたら…緑色になりました。「（黒色の）正体は、この色（緑色）だったんだ！」と大発見。

環境構成のワンポイント

★ 色の探究

● わずかな色の違いへの気づきを大切に

探究を深める子どもたちは、わずかな違いに気づきます。子どもたちの気づきを見逃さないようしましょう。

● 落ち着ける場を用意する

自分が作った色を大事に持っていたい気持ちがあります。作った色を並べて置いたり、とっておいたりできる場があると探究が進みます。

「全部の色をまぜないほうがきれいな色になるよ」コツを伝え合う子どもたち。

「ぼくのは雨色になった！」それぞれの発見！

1

おいしい生活づくり

本園では給食を提供していますが、子どもたちが手伝うことができると、楽しさが広がり、食への興味が出てきます。

栽培物を収穫した時は調理活動を行います。作りたてのおいしさを味わう中で、苦手だったモノもちょっと食べてみようかなという気持ちになるようです。

おやつに出るトウモロコシの皮をむきました。「きいろが出てきた！」「かみのけみたい」「もう一個　やりたい！」と子どもたちは大ハッスルでした。むいたトウモロコシは給食室に届けました。

今日はジュース屋さん

5歳児クラスが作った梅ジュース。「ジュース屋さんができましたよ」と呼びに来てくれました。
氷砂糖と普通の砂糖の梅ジュースを飲み比べました。甘くておいしい味でした。

給食はおまかせ

オクラってすごいね！

オクラの種をまきました。「あ、芽が出てる！」「虫がたまご産んだ」毎日様子を見ているといろいろな発見があります。

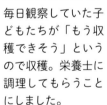

毎日観察していた子どもたちが「もう収穫できそう」というので収穫。栄養士に調理してもらうことにしました。

早速できたてのオクラをみんなで味見しました。

環境構成のワンポイント

★ 食にかかわる活動が楽しくなるコツ

● 食べることにかかわる経験を日常的に

野菜を育てて収穫する経験も大切ですが、身近で日常的なことで食の楽しさが広がります。フォークやスプーンを並べて給食のお手伝いをしたり、調理室の様子をのぞきに行ったり、音楽をかけながら食事をしたり。食べることにかかわるちょっとした経験を重ねることで、食って楽しい！うれしい！という気持ちにつながります。

● 「これ、食べられる？」がある環境

例えばオクラの栽培でも、プランターが近くにあると、毎朝様子を見に行き「花が咲いてた！」「実になってた」「もう食べられそう？」と興味が広がります。散歩先でミカンや桑の実を見つけると、「え、食べられるの？」と驚きながらも、ペロッとなめてみる瞬間、子どもたちのわくわくがあふれ出します。
自分で見つけて手に入れた食べ物との出会いは、出された食べ物を食べる時とは違った気持ちが感じられるようです。

2

安全に
気持ちよく
過ごす

園生活の基盤は、安全・安心です。さまざまな災害を想定して計画的に避難訓練を行います。毎月行う中で、落ち着いた行動がとれるようになります。その他にも、暑さ対策、感染症への対応、風邪の予防など、対応すべきことはいろいろあります。いずれにしても安全・安心な園生活の基盤にあるのが、家庭との連携です。登降園時に顔を合わせた時に情報を共有し、信頼関係を築いていくことが大切です。

月に一度の避難訓練の日。防災ずきんをかぶり、保育者の話を聞いています。

散歩時の水分補給

6月から10月頃まで、家庭から水筒を持ってきてもらいます。

登園者の健康状態の把握

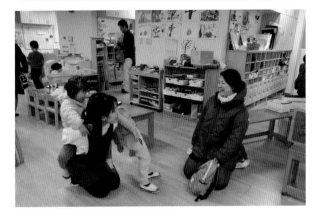

登園時、保護者から家庭での様子を聞き取ります。

片づけや清掃

給食前の片づけ。みんなで部屋をきれいにします。

中型積み木は、形ごとにまとめて置き、イラストの表示をつけておくと、取り出しやすいだけでなく、片づけも楽しみながらできるようです。

環境構成のワンポイント

★朝の受け入れ

●家庭と園をつなぐ、登園時の確認

登園してきた子どもや保護者と挨拶を交わし、体調の確認をします。できるだけゆとりをもって対応します。

●保育者間での情報共有

保護者が登降園名簿にメモをして、保育者間で共有できるようにしています。伝え漏れがないよう、登降園名簿には、朝の伝達と帰りに保護者に伝える欄を設けています。

「あ！ここなんか汚れてるよ！」と気がつくと、ぞうきんを持ってきました。見ていた友だちは、「そうだ！」とごみ箱を持ってきてお手伝い。生活の流れの中で、きれいにする楽しさが身につきます。

3

見通しを
もって
過ごす

園での生活を重ねる中で、子どもたちは○日には△△があるなど、予定を確かめて楽しみにするようになります。見通しをもって過ごせるように、情報を伝えたり、掲示を作ったりすると、とてもよく見たり、友だち同士で「楽しみだね」と話したりする姿も見られるようになります。

遊びの中で作ったのものを、遊びの1コーナーとして位置づけると、またやりたいという気持ちが引き出されたりします。

子どもたちが遊びや生活に主体的にかかわる機会を積極的に作っていきましょう。

月ごとにカレンダーを作っています。線を書いたり、色を塗るのも楽しいようです。当月の予定を書くと、見ながら「この日は○○だね」と語り合っています。

自分たちが作った本を入れている本棚

遠足前にしおりに色を塗る

保育室の一角に、子どもたちが自分で作った本を置く棚を作りました。夕方や生活の中のふとした瞬間、思い出したように取り出して眺めたり、新しいページを書いています。

遠足の情報を掲示する。期待が高まる！

環境構成のワンポイント

★ 見通しをもって過ごすポイント

● 遠足のしおり

遠足に出かける前日は、しおりに色を塗ります。色を塗りながら「お弁当、何にする？」「これ、何だろうね！」と会話が弾みます。翌日の遠足を楽しみにする気持ちが膨らんでいきます。

● いろいろな掲示

遠足への期待を高めたり、興味をもつきっかけになるよう、掲示を作ります。子どもたちはそれを見ながら、遠足を楽しみにしたり、もっと知りたい！と思ったら図鑑で調べたりしています。遠足から帰ったら、記録写真を飾ると、経験を思い出して遊びに活かされます。

5歳児の
遊びと生活

①

段ボール箱を使って

園での生活を積み重ねる中で、友だちと思いや力を合わせて遊びを作り上げることが楽しくなってきました。

気力も体力も十分で、やる気まんまんの子どもたちにとって、段ボール箱はうれしい材料になります。まず切って、つないで、もぐりこんで楽しんでいます。

「この新幹線、人が降りるとペチャンコにつぶれちゃうんだけど、どうしたら立つ?」「中に支えが必要だよ」子ども同士で試行錯誤しながら新幹線づくりに取り組んでいます。

新幹線を作ろう

大きな新幹線を作っています。明日、お客さんを乗せて動く予定！

切符売り場もできました。「どこまで行きますか？」「仙台までお願いします」

駅は、3歳・4歳児の部屋につながる廊下。いろいろな人が興味をもって、新幹線に乗りに来ます。

たくさん遊んだあとに「新幹線を作ったけどさ、車輪がないし、本当には動かないよね。本物の車輪をつけて広場とかで動かしたいんだ」と、次の目標が生まれました。

環境構成のワンポイント

★段ボール箱を使って遊ぶ

やりたい気持ちを大切にしていこう

大きくなった子どもたちはいろいろな夢ややりたい！思いを抱きます。段ボール箱は、そんな子どもたちが取り組むのにピッタリな素材です。子どもたちの手で形を変え、思いを込めて遊べるようにしたいものです。

切って、貼って、つないでみよう

思いを形にする時は、切ったり貼ったりすることがあります。段ボールカッターの安全な使い方を学んだり、テープでつけるだけでなく、ひもを使うと可能性が広がることも学びます。
コツを教える援助も大切です。

いろいろ使って、遊んで、ボロボロにしよう

子どもたちがやりたいことは、遊ぶこと。引っ張ったり、入り込んだり、上に乗ったりしているうちに、作ったものが壊れてしまうこともあります。でも、それが大事。壊れて、直して、もっと強くして。その過程にたくさんの学びがあります。

2 共通のイメージを形にする

共通の体験が遊びのきっかけとなる時、子どもたちの遊びは豊かに展開していきます。5歳児の育ちにおいて、子どもたちが主体的に進める遊びは欠かせません。自分たちの中にある共通のイメージを形にするために、体験したことを言葉にして伝え合い、いろいろな素材を使って試行錯誤する中で多くの学びを得ます。

子どもたちを支えるものとして、適当な素材の用意や道具の提案が、子どもたちの学びを支えます。

「自分たちのマンモスは乗れるようにしよう！」それが子どもたちのこだわりでした。「毛はフワフワとゴワゴワがあった」「目はやさしいんだよね」と、見てきたことをたよりにイメージを伝え合いながら、みんなで少しずつ力を出し合って作りました。マンモスはクラスのシンボルとなり、小さい子どもたちも乗りに来て、マンモスレストランを開くことになりました。

① マンモスを作ろう

博物館遠足から帰った日の夕方、「乗れるマンモスを作ろう」と張り切って作り始めた子どもたち。翌日の朝から、本格的に取り組み始めました。

まずは段ボールを顔の形に切ります。2人が段ボールをおさえて、1人が段ボールカッターで形を切っていきます。

「マンモスの下に入れる積み木が少ないから、段ボールの上に乗ると落ちそう…じゃあもっと積み木が必要だ！」と、倉庫から大型積み木を運んできました。

大型積み木で足を作り、上に段ボールを敷きます。胴体にするために側面につけた段ボールを使って、翌日の朝、人形劇をしていました。

マンモスの内側は柔らかい毛、外側は硬い毛。遠足で本物の硬い毛を触らせてもらっただけに、子どもたちは自信をもって作っていきます。

牙を作るため、固い紙の棒を段ボールカッターで切っています。

② マンモスレストランにしよう！

クラスのシンボルのようになったマンモス。小さい子どもたちが、マンモスに乗ってうれしそうにしている姿を見て、マンモスレストランを開こうということになりました。

❸ 開店準備中！

ピザ・焼きそば・ラーメン・たこ焼き…マンモスレストランには前日から仕込んだ人気メニューが並びます。

❹ いよいよ 開店！

開店が告げられると、3歳・4歳児クラスの子どもたちが集まってきます。お客さんが登場すると、場は一気にお店らしくなりました。

「たこ焼きくださーい」
「はい、たこ焼き一丁！」
お店は盛況で、忙しい店員さんです。

❺ ダンスも始まる

レストランの順番待ちをしている人に見せるダンスをすることとなりました。そのほかにも、お店を案内する人、チケットを配る人など、自分の役割を見つけて考えながら取り組んでいます。

❻「作り直さない？」

マンモスレストランは、みんなのお気に入りになり、2週間近く保育室の1コーナーとして活躍しました。ボロボロになった頃、「一度片づけて作り直そう」という声が出ました。

環境構成のワンポイント

● イメージを出し合い、自分たちで遊びを創り上げるためには、日頃から主体性を発揮する生活を送っていることが必要です。

● 継続して遊ぶ中で、「もっとこうしたい」という思いが出てきます。形を変えることで、さらに思いが交わされるようになります。

● 今どこまでできているのか、進捗状況がわかる図のようなものがあると、共通理解しやすいですね。

自分たちで遊びを創り上げるために必要な要素

実現したい イメージ	使える 場・道具・材料	思いを交わす 仲間
・マンモスを作りたい ・乗れるようにしたい ・大きいのがいいね	・板段ボール ・大型積み木 ・段ボールカッター	・一緒にやろう！ ・毛もあったよね ・どうやって作ろうか？

遊びを進めていく上で、あるといい物・コト
◆ より詳しい情報が得られる図鑑、本
◆ 必要に応じてインターネットで検索
◆ 音、光など場の雰囲気を作っていくもの
◆ 遠足の時の記録をまとめた掲示物
◆ 夢を広げアイデアを出す保育者

3

忍者になる

忍者の踊りや忍者ごっこなど、身体を動かして遊ぶことが大好きな子どもたち。共通のイメージが基盤となり、場や物を作ることでさらに楽しさが広がります。
室内だけではなく、青空の下の広場や思いきり身体を動かせる屋外など、遊びの場が広がることで、遊びが豊かになっていきます。

「帆で動く忍者の船を作ろう」と、まずは布探しから始まりました。帆の高さや位置が決まると、今度は船の土台づくりです。大型積み木を使い「忍者だから黒い船にしたい」という意見から、黒い忍者船になりました。いろいろな人が入れ替わりイメージを出し合って、少しずつ変えたりしながら作っています。

道を歩きながら忍者修業

どこでも忍者になりきります。散歩の行き帰りも、子どもたちにとっては大事な修行の場。
「雪山だよ。スノーボードに乗ろう」
「トゲトゲがあるー！踏まない修行だ！」と、自分たちの修行に取り組んでいます。

忍者らしくなる！

忍者の表現遊び

手裏剣を投げ合い、避け合う表現を楽しみます。

忍者が姫を守る修行！「壁になって守ろう！」

忍者に関する絵本や図鑑を用意しました。忍者船に乗り込みながら、忍者について研究する姿が見られました。忍者が身につける手と頭のバンド、腰のベルトなどを作り始めました。それぞれのこだわりがつまった衣装です。手に手裏剣がついている子どももいます。

環境構成のワンポイント

- 忍者はまず動くことが大事。忍者らしい動きを楽しめるように場を選んでいきます。

- 忍者たちが暮らす場ができると遊びが深まります。

- 場と物と仲間がいることが、遊びの基盤になります。

自分たちで遊びを創り上げるために必要な要素

実現したいイメージ	使える場・道具・材料	思いを交わす仲間
・忍者になりたい！ ・技ができるようになりたい。 ・本物みたいに動いてみたい！	・体育館など広い場 ・草原 ・積み木、段ボール ・黒ビニール袋など	・分身の術、一緒にやろう！ ・姫を守ろう！

1

不思議を
見つける

子どもたちは、身近な環境に積極的にかかわり、さまざまな不思議を見つけます。

不思議を見つけてかかわる姿は、0歳児のころから見られますが、4・5歳児のころになるとより深く探究するようになります。

身近な環境に能動的にかかわることのできる時間と空間と仲間がいれば、子どもたちは探究の旅に出ていきます。不思議を見つけるための特別な環境設定は必要ありません。

丸太に木の板を渡して、順番に乗ります。お互いに「もう少しこっちにのって」「もっとはじだよ」と声をかけ合いながら、少しずつ乗る位置を変えています。バランスを探っていくのが面白いようです。

霜柱の不思議

前夜の雨で霜柱がたくさんできていました。霜柱が溶けていくのをじっと眺めて「棒がたくさんくっついてできてる！」と発見。

シーソーの不思議

「3対2だと、こうなる！」　　　「もう少しこっちに寄ってみて」　　　「あれ？ とまった！」

氷についての話し合い
氷を見つけた日の帰りの集まりにて

保育者	「氷ってどうやってできるのかな」
A	「あのね、バケツに水を入れて、外に置いておくといい」
B	「れいぞうこでつくれるよ」
A	「さむいところだよ、あと、氷がいっぱいできているところ」
C	「れいどだとこおりになる」
保育者	「この部屋は19度だね、じゃあ、0度になったら凍るの？」
みんな	「そういうこと」
B	「それか冷蔵庫でもできる」
E	「北海道でもできる」
D	「Eくんちは北海道だから、できるね」
みんな	「えー、やってみたいね」

身近な環境の不思議を味わうためのポイント

●まず入り込み、その場で過ごす
場の中で、しばらくぼんやりする。走り回る。寝転がる。そんな時間のあとに探究が始まります。

●気づくのは子ども自身
保育者が気づかせるのではなく、子ども自身が気づくことが何より大切です。

●保育者も心の感度を上げる
不思議に気づく目は次第に開いていきます。保育者も不思議を見つけて驚きましょう！

身近な自然とのかかわり方
穴を掘る・過ごす
組み合わせる
もぐりこむ
味わう・育てる

2 見つけたものを大事にする

屋外では、いろいろなものに出会います。草花、虫、木の実…。手に取ってじっくり見て…愛着がわき、手離せなくなります。子どもたちがそうやって出会ったものは、大切に扱いたいと思います。部屋の中に飾ったり、見ながら絵を描いたり、顕微鏡で見たりしています。

散歩先で出会ったダンゴムシを顕微鏡で見ると、動く様子が面白い。次には、死んでしまったカブトムシを見ることに。「足どうなってる？」「せなかがツルツルじゃないよ」と、細かい発見を友だちと共有しています。

集めてきた実や種、死んでしまった昆虫等を、顕微鏡で見てみました。ねじを調節するところはコツが必要なので、保育者が手を添えています。子どもたちは見える世界の美しさに、歓声を上げています。

広場で遊んで作ったものを持ち帰り、並べて遊びます。「お店屋さんにしない?」「動物たちのお店屋さんにしようよ」「いいねえ」遊びが始まります。

環境構成のワンポイント

● 種類で分ける
・お菓子の空き箱など、小分けのトレイの部分が、実や葉を種類別に収納するために使いやすいです。
・分けると違いが見えてきて、もっとよく見るようになります。

● 収納スペースには空スペースを
・拾ってきた物を大事にすると、また見つけようという気持ちになります。空きスペースがあることが大切です。

● もっとよく見るために(虫眼鏡、顕微鏡、図鑑)
・物が大切に保管されている場所があると、子どもたちがよく見るようになり、その物についてもっとよく知ろうという気持ちになります。その際は、虫眼鏡や図鑑が大活躍します。取り扱いには、十分注意します。

セミの抜け殻を入れています。このように入れていくと一つひとつをじっくりよく見るきっかけになります。

3 絵本・図鑑

落ち着いて絵本を読むことができる絵本コーナーは静かな場所です。にぎやかな保育室が苦手な子どもも、ほっと息をつける場所です。

5歳児クラスになると、字が読める子どもも多くなってきますが、大人が読んであげる時間を大事にしています。絵本の世界が子どもの心に届きますように、と思いを込めて読んでいきます。

「何を読もうかな」絵本コーナーには、いろいろな子どもたちがやってきます。1人で、2人で、数人で、選んだ本に見入っています。

じっくりと絵本を見ながら、興味のある絵を描き始めました。

読んでいると、友だちが集まってきました。

図鑑で調べながら虫の絵を描いています。

お気に入りの絵本を持ってテラスへ。先生と一緒にゆっくりページをたどります。

環境構成のワンポイント

●落ち着いた雰囲気で過ごせる

絵本コーナーは、1人でもゆっくり過ごすことができる場所です。じゅうたんが敷いてあり、座卓やベンチがあるとソフトな印象になります。

●いろいろな情報が得られる

置いてある本は、物語、昔話、自然など種類を多くします。また、種類別に収納して、選びやすくします。

●本の楽しみ方はいろいろ。さまざまなアプローチを受け止める

気に入った本があると、どこへでも持っていきたくなる子どもたち。この本が好き！というメッセージが伝わってきます。大事な姿として受け止めていきます。何度も開く図鑑は、ボロボロに。それは子どもたちの探究の証。大事に補修します。

送迎時に保護者が滞在することができる空間としても活躍しています。

4

染める

花壇で藍を育てて染め物をすることにしました。花を摘んで色水を楽しんでいた子どもたちにとって、「藍」との出会いは興味深いものでした。
育てている藍を摘んで、たたき染めをしていきます。染め方をよく知っている専門家の先生にコツを教えてもらいながら、じっくり取り組み、色がつくことに驚く子どもたちです。

藍の葉でたたき染め。染まったあとを想像して、葉っぱを置く位置を調整しながら慎重に…。

たたき染め

玄関先の藍の葉を摘みます。

かなづちで叩くと
「あ！うつった！」

急に雨が降り出したのでタープを張りました。「これもまたいいね」落ち着いた空間になりました。

生葉染め

摘んだ葉を袋に入れて水を加えてもみます。たたき染めをした白いTシャツを、藍の生葉で染めました。
時間が経ったり洗濯をしたりすると、色が変わっていきます。

環境構成のワンポイント

●**本物との出会い**

色水遊びを楽しんでいた子どもたちに藍染めを体験させたくて、藍を植えました。染め物の専門家に方法を教えてもらい、初めての体験！本物との出会いでは、専門家の協力が欠かせません。

●**道具を使う**

かなづちやボード、タライなどの道具や事前に準備することがたくさんあります。準備は確実にしっかり行います。

●**作ったものを活用する**

この時は運動会で着るTシャツを作りました。使うものをつくる！嬉しい体験です。

染め物のコツ

藍の葉っぱの汁で染めることを「不思議に思う子ども」が活動の中心ですから、子どもの心持ちを支えるコツを考えてみます。

● 『たたき染め』では「藍の葉は茎ごと採取」します。叩き出してみると、若芽も虫食いもある一本の茎の葉の色は、多様な色模様が生まれていて不思議です。

● 『生葉染め』で木綿を染めるには「豆乳で下処理をするなどの準備」をします。青空の下、5歳児たちはTシャツと同量の重さの葉を手指で揉み出しながら、藍汁の色の変化を面白がりました。緑の汁液で染めたTシャツが空気に触れて青く変わる瞬間は、不思議を思う時でした。　　　　（アート指導員　瀧田節子）

5

光・音を感じる

子どもたちが不思議を感じる機会は遊びや生活の中にたくさんあります。中でも光や影、音は「感じる」の宝庫です。

ランプシェードを作り光で遊んだことから、壁に光を映したり、布に光を映し自分たちのイメージを探究する姿が見られました。

海外の楽器などを遊びの中に取り入れていくことで、いつもと違う音に出会い、遊びも変化していきます。

懐中電灯で白い布を照らして遊んでいます。一つひとつの光は、月のイメージのようです。幻想的な雰囲気に惹かれ、保育者がドビュッシーの『月の光』を流しました。すると、それまで言葉でイメージを共有していた子どもたちが、言葉がなくても心が伝わっていくというように、静かに動き出したのです。月が集まり、また散っていき…と、4人が同じ動きをしています。

光を感じる

風船に色とりどりの和紙を張り、ランプシェードを作りました。風船がしぼみ、それを取り出したらランプシェードの出来上がり！光を入れて遊びました。

壁に色を映し出して…

中に入れる光の強さによって、見える色が変わります。

本物のカボチャで手づくりしたジャック・オー・ランタンも、光が入ってきれいになりました。

音を感じる

「トライアングルは左手の持ち方によって音が違うねぇ」

一人でじっくり音を鳴らして聴いています。

町内会の秋まつりを思い出して、太鼓を「ドンドン、カッカ！」と鳴らして、おみこしを担いでいます。カネも鳴って（トライアングル）、一気にお祭りの気分です。

環境構成のワンポイント

●光は心を惹きつける

光の揺らぎは心を和らげます。小さなライトを中に入れて作ったランプはとても美しいです。懐中電灯を活用しても同じような物ができます。いろいろ工夫してみましょう。

●音環境に敏感でいよう

子どもたちは小さな音に敏感です。室内がいつもガヤガヤしていると、繊細な気づきの機会を奪うことになります。音に対して敏感でいましょう。騒音計で、音環境の現状を把握するのもいいですね。

6

コロコロ
遊びボード

「何でも作って、何でも修理できる人」子どもたちの大好きな用務主事のSさんは、そう呼ばれています。

マグネットボードを使って木の玉やビー玉を転がす遊びを楽しむ中で、Sさんの存在がとても大きなものとなっています。

こんなパーツがあったらおもしろい！という子どもたちの要求に応えてくれる人がいると、どんなことが起こるのでしょうか。

Sさんが作ってくれたコロコロ遊びボード。木のやさしいぬくもりのマグネット付きころがし装置。
試行錯誤しながらつなぎあわせて、転がるコースを作ります。

コースを作って転がす

数人がマグネットボードの前に集まって、いろいろ言いながらコースを作って玉を転がしています。

パーツを違う場所で使う

マグネットボードで使っていた装置を、小さい積み木と組み合わせて使います。小さい積み木で高さを調節し転がしています。

新しいパーツ登場。コースがさらに複雑になる

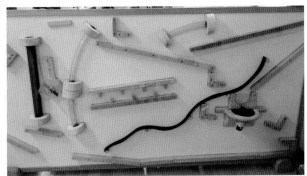

子どもがベルトで玉転がしのコースを作っているのを見たSさんが、ベルトにマグネットをつけて、新しい装置を作ってくれました。「グネグネしてるとうまく転がらない。ピンと張ってきれいに曲げるといいみたい」と、子どもたちは新しい装置を使いながら研究します。

ワクワクする：環境構成のワンポイント

● 大人を巻き込む

Sさんは本園の用務主事。日曜大工が趣味です。保護者や祖父母、近所の住民にも、いろいろな特技をもっている人がきっといます！いろいろな力を借りて、豊かな園生活を作りましょう。

● 「つくる」ことで広がる世界

大人も面白がっていろいろなことをすれば、子どもたちにも広がります。「つくる」ことが身近にあると自由感が高まります。まず小さな一歩からはじめてみましょう。

7

水の実験

水遊びはとても多様です。色水や泡づくり、水鉄砲で障子を破ったり、色を消して楽しんだり、水の流れを研究したり、さまざまな遊びが展開されます。

子どもたちは「人」や「道具」に出会い、主体的に遊びに取り組む中で試行錯誤しながら遊びを繰り広げて行きます。

色水を作りたい！とテラスで遊び始めましたが、10月とは思えない日差しの強い日でした。保育者と一緒に布を張りました。日陰ができて良い場所ができたと満足するように、遊びを再開しました。

泡に色をつける

きめ細かく泡立ててクリームのようなものができました。そこにチョークを削って色を作ります。

室内では、作った色水をペットボトルに入れて、それを新幹線に変身させて遊んでいます。

並べた色水を見る

涼しい場所で「色」の研究をしています。

一つの色を基本にして、いろいろな色を混ぜて徐々に変わっていくことを楽しんでいました。「この色きれい！取っておきたい！」というので、少しだけ袋に入れたら？と提案しました。すると、残った色水を使って次々といろいろな色を作り出していきました。
できあがった色水を、作った順番を思い出しながら並べて、テラスに飾りました。

水鉄砲　いろいろな的を作る

6月。水鉄砲遊びが楽しくなってきたころ、用務主事のSさんが障子の的あてを作りました。力を合わせて水を飛ばし、障子に穴をあけようとしますが、なかなかあきません。みんなで、1人ずつ、数人ずつ…と、いろいろな方法で試していました。

翌日、今度は自分たちで的を作りました。水性ペンで絵を描いて、それを的にして水鉄砲大会！
次第に色が落ちて、淡くきれいなマーブル色になりました。

紙テープを的にして水をかけます。
命中すると切れる紙テープに歓声が上がります。

あと一本！「最後は一度にかけてみよう」

水路を作る

園庭で長い水路作り。水道から砂場まで塩ビ管をつなげました。全部つながって水が無事流れたことを喜び合ったあとに、子どもたちはあることに気づきます。「このままじゃ小さい子どもたちがお昼寝から起きた時に、外で遊べないよね」「滑って転んだら大変だ！」と。そこで水たまりができたところに砂をかけて、元通りの園庭に戻しました。

ともに生活する小さい子どもたちへの思いを感じたエピソードです。

玄関前でも水路作りが始まりました。

9月。水遊びもそろそろおしまいかなという季節。何度も楽しんできた玄関前での水遊び。これまで、タライやすのこは大人が用意していましたが、この日は、子どもが自分たちで場を作りました。

環境構成のワンポイント

● 水遊びは探究の宝庫

色水、水鉄砲、水路、水車など、水を使う楽しい遊びを紹介しました。共通しているのは、子どもたちの探究する姿です。どのように力を入れると水がよく飛ぶか、微妙な加減を工夫している姿、コツを伝え合っている姿などから、探究や伝えあいが読み取れます。

水遊びは探究の宝庫です。さまざまな試行ができるよう、自由に取り扱える用具を豊富に用意し、じっくり取り組める時間を保障します。

● 濡れても大丈夫な準備をして取り組む

水遊びは探究とともに、開放感や仲間意識を感じられる遊びです。始めてから終わりまで、道具を片づけて最後の着替えをするところまでがひとくくりです。子どもたちが存分に遊べるように、場の準備とともに、着替えの準備も確実に行いましょう。

1

畑・栽培・土

自然の中で子どもたちは育っていきます。こども園のスペースとして使える広場に、土を盛って畑を作りました。

子どもたちと何を育てるか相談すると、「サツマイモ」「ジャガイモ」「トマト」のほか、「スイカ」という声も上がりました。

広場に出かける楽しみが増え、行くたびに変化している様子に気づいたり、自分から水をあげる姿も見られるようになりました。

グラウンドに行く日も、広場にちょっと立ち寄ってサツマイモに水やりをしています。「大きくなれ、大きくなれ」

ブロッコリー

畑の土を耕し、いろいろな野菜を植えました。

アブラムシにやられていて、ブロッコリーの収穫は断念。でも、土をいじっていると、いろいろな楽しみがあります。土を掘って、幼虫発見！「何の幼虫かな？」土と一緒に、大切に虫かごに入れて園に持ち帰り、育てます。

隣の畑の雑草を保育者が抜いていると、一緒に草を抜く子どもがいました。抜いた草を手押し車に集め、「すみません通りまーす。僕たち草を抜いてまーす」と、遊びが始まりました。

キュウリ

玄関先のプランターに植えていたキュウリがたくさん実りました。それも大きくて立派！「採ってみたい」という子どもがたくさん。「じゃあ一緒にせーので採ろう」「せーのっ！」収穫の瞬間はわくわくしますね。

玄関前のスペースで育てているキュウリ。登降園のときに成長を確認したり、玄関前で水遊びをしているときに大事に水やりをしています。

ジャガイモ

4歳児クラスの3月、これまで5歳児が耕し、いろいろな野菜を育ててきた畑。いよいよ次は僕たちの番。最初は、ジャガイモを植えることに。丁寧に土を耕し、種芋を植えて水やりをしました。それから日々、生長しているか様子を見たり、水やりをして大切に育てました。

4月「ジャガイモさん、芽を出してね」

5月。花が咲いた

6月。土の中から出てきたのは、大人にとっては予想以上に小さいおいも。でも、子どもたちは、「見て見て！この子かわいい～」と愛おしい思いで小さなジャガイモを見ています。

こども園に戻ってきてから、1つずつ重さを測りました。幼稚園からもらった立派なジャガイモと比較しながら「幼稚園のおいもはすごい大きい！だけど僕たちのも結構かわいいよね」。

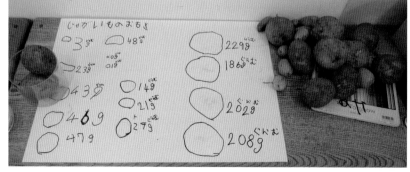

スイカ

5月に植えたスイカ。しかし、根づかなかったのか、すぐに枯れてしまいました。

そこでSさんと一緒に、スイカを植え直しました。「小さい子どもが畑に入って踏んじゃったのかもしれない」「スイカは弱いから支えが必要かもしれない」と話し合い、頑丈な支柱と囲いを作ることにしました。「水が足りなかったのかも」と、水やりもていねいにするようになりました。

8月のお盆過ぎ。苦難を乗り越えて実ったスイカをついに収穫!

環境構成のワンポイント

● 土に触れる、それが原点

栽培する前に土を耕します。土を耕すと小さな虫と出会います。まずその段階が大切。土を耕す時間を十分とります。発見を喜び合います。

● プランター一つから始まる体験

プランターが一つあれば、小松菜を育てることができます。するとチョウがやってきて…。自然はすぐに循環していきます。

● 手をかけ、心をかける営みを大切に

日々生長していく草花の様子を毎日見ます。小さなつぼみに気づいて喜びます。心をかける営みが大切です。

苗の時には、カップ一杯の水をあげています。このような場を用意しておくと、水やりがしやすくなります。

2

カエルの飼育

子どもたちは生き物に興味を抱きます。4月の遠足でカエルと出会って以来、カエルの遊びが続いていました。ある日、園長が他園から本物のカエルをもらってきて飼うことになりました。

自分たちで小さな命を大切にできるようにと願い、場を用意しました。図鑑で調べたり、絵本を読んだり、餌探しをしたり、かかわりが継続していきます。

他の園から譲ってもらったヒキガエルのヒキちゃん。観察したり触ってみたりエサをあげたりしていると、愛着がわいてきます。

ヒキちゃんが過ごしやすい遊び場を作ってあげたいと、大きな衣装ケースに水を張り、広場で拾った大きな石を入れてあげました。

近所の公園に遠足

大事件！池にカエル
が！大人が捕まえて、
みんなでそっと触り
ました。

遠足で見つけたカエルを再現

「ヒキちゃん、いつも狭いお家にいてかわいそうじゃない？それに遊ぶところもなくてなんかつまんなそう」という子ども
の言葉から、カエルの住み処を作り替えることにしました。
まずは、観葉植物とミズゴケを近所に買いに行き、暮らす場所を作ってあげました。「遊ぶ場所もいるよね」と、大きな
ケースに薄く水を張り、広場で拾ってきた大きな石を置いて遊び場を作りました。

生き物と過ごす・大切にしたいポイントと準備

●なぜ「カエル」なのか？

遠足でカエルに出会ったり、隣のクラスが長くカエルを飼っていたことから、カエルに対して興味関心を抱いていました。だからこそ「カエル」だったのです。

●飼うことで何を感じさせたいのか？

小さな生き物を飼うことで、子どもたちは興味を膨らませていきます。もっと住み心地のよい場所にしようと考えて池を作り、そこで泳ぐ様子を見た時は歓声を上げていました。命あるものへの共感を味わっていることがわかり、カエルに対して興味関心を抱いていました。だからこそ「カエル」だったのです。

●何に気をつける？

生き物が困らないかかわり方を大事にします。子どもは触れたがりますが、触れると生き物が弱ってしまうことがあります。限度を伝えていきます。
生き物に触れたあとは、必ず手を洗います。衛生に十分気をつけます。

3

雨の日の散歩

雨が降っている日にこそ出会えるものがあります。雨音、葉から滴る露、水たまり、カタツムリ…。園内のビニール傘を用意しておくと、こんな時に便利です。その傘を持ち「傘があれば、雨の日だって出かけられるじゃない」と、うれしそうな声が上がりました。

いつもとちょっと違う気持ちで、いつもとちょっと違う出会いができることを期待して、雨の日の散歩に出かけます。

小雨の中、散歩に出かけた日。広場で遊んでいたら、急に雨が強くなってきました。二人で一つの傘に入って、じっと雨の下に立っています。傘に当たる雨の音を聴いているようです。

「雨の日散歩に出かけようよ！」と呼びかけると濡れないズボン作りが始まりました。

雨の日に見つけられそうなもののビンゴをつくっています。あじさいをみる、かたつむりをつかまえる、みずたまりにはいる、かえるをさわる、みんなのかさのもようをみつける…。

雨の中の広場は、とても静かです。

この大きな葉っぱで傘を作ろうよ

環境構成のワンポイント

●雨の日も楽しく

気温がそれほど低くなく、小雨の日は、雨の日の散歩に向いています。透明の傘は、雨粒が落ちる様子や、歩いている子どもの様子が外から見えます。明るくて、安心です。

●雨だから楽しく！

散歩中、急に雨が降ってきたら、大きな木の下に入って雨宿り。木の下に入ると、驚くほど雨がしのげます。すっぽりと雨に包まれながら、雨と過ごす特別な時間になります。

●園に戻ってすること

園に帰ったら、風邪をひかないよう、タオルで濡れたところを拭きます。

「降ってきた！雨宿りして〜！」隠れるのは、建物の屋根の下と大きな木の下。

1

調理活動

テラスのプランターや広場の畑で野菜を育てているほか、園のまわりでは柚子・レモン・柿・栗などが収穫できます。収穫したら、どんなふうに食べたいか子どもたちがアイデアを出し、栄養士に手伝ってもらいながら、調理します。

自分で育てたものや採ったものの味は格別。おいしいと感じたものは、食材を一緒に育てた大人や、いつも一緒に遊んでいる小さい子どもたちと、みんなにおすそわけします。

サツマイモチップス作り。1人がサツマイモをフォークでおさえて、もう1人が皮むき器で薄くスライスします。ナイスコンビネーション！

サツマイモ 11月。サツマイモの収穫

収穫の翌日、サツマイモ
を大きな模造紙に表現し
ました。サツマイモは画
用紙をクシャっとして
立体にしたいとアイデ
アが出ていました。

**サツマイモ
チップス**

皮むき器で、細長い形にスライス
します。

3歳児クラス、4歳児クラスにおすそ分け。「お
かわりちょうだい！」の声が響きます。

梅ジュース

梅を入れて、砂糖を入れて…の繰り返し。

最後はお酢を入れました。砂糖が溶けやすくなるように！

三温糖と氷砂糖で2種類の味の梅ジュースを作りました。「玄関に飾って、小さい子どもにも教えてあげよう」

3週間後。出来上がった梅ジュースをいただきます。「味が違う！」

三温糖　氷砂糖

4歳児クラスの子どもたちに「梅ジュース飲んでみない？」と誘うと、喜んでたくさんおかわりしてくれました。

栽培→収穫→食べる　おいしくてうれしい取り組みいろいろ

キュウリ

収穫したキュウリをスライス。3歳児、4歳児クラスに届けます。

ジャガイモ

みんなで掘った小さいジャガイモ、近くの園からいただいた大きいジャガイモ。洗って、干す。大きさの違いも味わって。

栄養士が薄く切ってくれる。その手元をじっとみる子どもたち。ホットプレートで焼くと、いいにおい！

おいしいジャガイモ出来上がり！

調理活動・大切にしたいポイントと準備

● 調理活動にさまざまな大人がかかわる

保護者や学生ボランティア等がかかわることで、安心して取り組めるようになります。

● 調理の仕方を子どもと相談する

相談する時間があると、子どもたちの主体性が高まります。栄養士は、子どもたちの意見を尊重しながら献立を考えます。

● 待つことの楽しさ(梅ジュース、はちみつレモン、ゆずはちみつなど)

調理には時間がかかるものもありますが、その時間の中で味わいが増すので、大事な時間です。

● 自分で調理する

子どもたち自身が調理や準備にかかわると、食への意欲も高まります。トウモロコシの皮むきは大人気でした。

● 保護者にもレシピを

子どもたちは家庭と園の往来の中で育ちます。保護者にもレシピを渡します。

2

世界とつながる

園にお客さんが来た時は、自然なかかわりをもちたいものです。特に外国の方には、あいさつできるよう本で調べたり、世界地図で場所を確認したりしています。

当日は、一緒に遊んだりその国について質問したりします。時には、服装や肌の色が自分たちと違うことに驚くことも。一緒に過ごすうちに、次第に距離も縮まります。

タイからのお客さんを楽しみにしていて、家庭で調べてきたタイの言葉であいさつをしました。
「サワディー・カァ」。お客さまも「サワディー・カァ」と優しい笑顔で答えてくれました。

中西部アフリカ・中東からのお客さんを迎えて、歌を教えてもらっているところ。「おはなしゆびさん」みたいな曲でした。

タイの方からゾウの飾りのお土産をいただきました。

普段の遊びを一緒に楽しむ時間。
言葉の壁を超えて、つながりが生まれます！

環境構成のワンポイント

●さまざまな国への関心がひろがるように

世界地図を見ることで外国への興味がわきます。外国の方が園を訪れる機会があったら、チャンスです。インターネットなどで調べて、その国の様子を事前に紹介し、興味を高めます。

●直接かかわる体験を重視する

直接かかわることで、相手に対する親しみがわきます。言葉は通じなくても心が通じるという体験ができます。
直接かかわる体験（一緒に歌う、踊る、遊ぶなど）を大事に設定していきます。

いろいろな園の国旗が紹介されている絵本。絵本コーナーに置いておくと、子どもたちは興味をもってよく見ています。

1

公園めぐり

5歳児クラスに進級し、張り切っている子どもたちと、園のまわりにある公園をめぐる遠足に出かけました。

普段から親しんでいる公園なので、「○○公園の隣に、△△公園があるよ！」と子どもたちから情報が集まります。街の面白さが見えてくるようです。

公園の池で、カエルと出会いました。観察しているうちに、カエルに思いを託したくなり、思わず声が出ます。「とべ　カエル　とべ」「およげ　カエル　およげ」

子どもたちと決めたルートに従って、出発！

スタート
一番目の公園でカエル発見!!

なかよし滑り台

赤い実見つけた！

二番目の公園。汽車がある！

園にはないブランコ。楽しそう

小休止。金平糖のおやつ

三番目は自然観察園

四番目の公園。広いグラウンド

遊具で遊ぶ！

ゴール
お弁当を食べて園に戻る。

公園を楽しむためのワンポイント

●公園にはそれぞれの良さがある
遊具が充実している、広場があるなど、楽しさはそれぞれ。公園ごとの固有の楽しさを把握し、その楽しさを存分に味わえる活動を考えるといいですね。

●子どもから情報を得る
子どもたちが日々過ごしている場所に公園があります。子どもたちから積極的に情報を得るようにすると、思いがけなく魅力的な公園を発見できることもあります。

●ワクワクマップの作成
出かけた記録をマップに記しましょう。マップに記しながらのおしゃべりも楽しいです。地域の情報が共有されます。

2

街探検!!

子どもたちは地域や街の中で育っています。
園の近くにある、いつもお世話になっているお店屋さんを訪ねることにしました。22名の子どもたちを2グループに分けて出かけました。
事前に地図を見たり、質問内容を考えたことで、期待も高まり、街を味わう経験になりました。

園のそばにある金物店に行きます。いろいろな道具がたくさん並んでいる店内に、みんな興味津々。
一番人気の折尺を買うことにしました。

調査に出かけるとなると、準備も張り切る

地図を見ながら行く場所をたどります。虫眼鏡で見ると、よく見える!! 調査に出かける時に必要なものを準備する子どもも。

お米屋さん

お米屋さんでは、殻つきのお米を精米して、白くするところを見せてくれました。店の奥に、商売繁盛の願いを込めて、お米が飾ってあるのを発見しました。

金物屋さん

金物屋さんに到着。見たことのあるもの、初めて見るもの。「これこども園にもあるね」「人気商品はなんですか?」質問もしっかりします。

道中でも発見

消防署の前を通って訓練の様子を見学。

園に戻って

買ってきた豆腐の食べ比べ。ほんの一口ずつ、味わいを楽しみます。

豆腐屋さん

いろいろな種類の豆腐が売っていたので、買ってみることにしました。

街を味わうためのワンポイント

● 保護者からも情報を集めよう
街の情報集めています！と掲示をしたり、口頭で伝えたりするといいです。「子どもたちがいろいろ調べているんです」と伝えると、応援してくれる保護者もいます。

● 事前にいろいろ調べてみる
地図を見ながらルートを考えたり、お店屋さんについて調べたりすることは、とても楽しいことのようです。期待も高まります。

第 **4** 章

実践にみる
環境構成の工夫

① 野田学園幼稚園（山口県山口市）
② 江東区立元加賀幼稚園（東京都江東区）

自発的な活動を生み出す環境構成

—— 野田学園幼稚園

保育者主導型の一斉保育から脱却し、子どもの意欲と主体性を尊重した「やってみたいが叶う保育」へ向かうためには、自発的な活動を生み出す環境を構成することが必要でした。野田学園の取り組みを時系列で追いながら、その秘訣を探ります。

ステップ1 子どもの姿をとらえる

　子ども主体の保育に転換したきっかけは、子どもたちに、これから想像もつかない未来を、仲間とともにあきらめず行動していく人になってほしいという思いからでした。保育者自身が戸惑い、悩む中で、まずは見えているつもりだった子どもの遊びをとらえなおすことから始めたのです。子どもの姿からみた育ちや遊びを支えるための環境を考え、共有するために、職員によるミーティングを積み重ねていきました。

　そこで、子どもの様子をマップに記述したところ、漠然としていた遊びや動きが把握でき、図1のような事柄が見えてきました。

　そのほかにも、遊びを創り出したり遊び込んだりする場が少ないという重大な問題にも気づきました。そこで、「園庭＝固定遊具」というこれまでの考え方を一変し、子どもにとって必要な環境を整えることにしたのです。

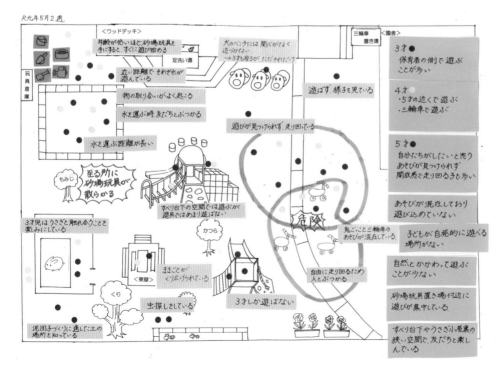

図1　子どもの様子を描いたマップ

ステップ2 環境の再構成

　次に、ステップ1でとらえた問題を改善するため、環境を再構成しました。すると、遊びに必要な環境を用意することで、子どもにとって遊びやすく、"やってみたい"が満たされる場へと変化していきました。

　さらに、犬のベンチを撤去し、遊びの空間を広げました。

コースに沿って三輪車を走らせ楽しむ様子
【遊び場の整理】

鉄製のスコップで深い穴を掘って温泉づくりを楽しむ様子
【遊びの創造】

調理用の目の細かいふるいを使い、泥団子づくりを夢中で楽しむ様子
【適した道具の準備】

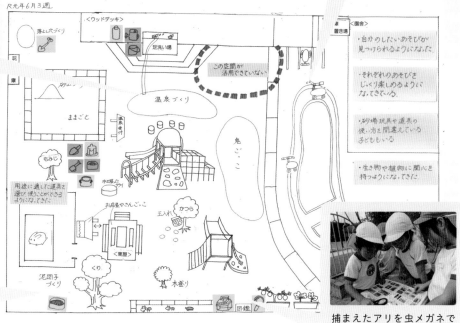

図2　環境を再構成するプロセス

捕まえたアリを虫メガネで観察し、図鑑と照らし合わせている様子
【興味・関心の追及】

ステップ3 子どもの遊びを支える

　遊びの空間を広げたものの、その場所で子どもたちが遊ぶ姿は見られませんでした。なぜならば、"計画した内容を達成させるための援助"ばかりに奮闘してきたために、子どもの興味関心を引き出し、遊びを支えようとする意識が低かったからです。

　そこでミーティングを重ね、子どもの姿から適切な援助を考えていきました。

子どもの姿をミーティングで共有し、さまざまな観点で子ども理解を進めました。読み取った内容から導き出した適切な援助が、子どもの思いと合致したからこそ、主体的な遊びが生まれたと考えます。そして子どもが考え、工夫し、夢中になって楽しむ遊びを丁寧に支えていくことで、確かな育ちも実感できました。

かまどづくりからやきいもまで（7月〜11月）

誰も遊んでいない
犬の遊具

遊具を撤去し、遊びの空間を広げたが、子どもがその場で遊ぶことはなかった。

子どもの姿から
読み取った内容

子どもが求めていたものとは違ったのかもしれない…

どうしたら、ここで遊ぶようになるだろう？

子どもはままごと遊びが好きだと思い、保育者が家のようなものを作った。しかし子どもは遊ばなかった。

ミーティングの内容

保育者の勝手な思いで環境を作ってしまったことがいけないのでは…？

【援助の方向】

子どもが本当に楽しんでいる遊びや、"やってみたい！"と思うことを探ろう！

具体的な援助方法

● 子どもの姿から、興味関心を読み取る。　● 子どもと一緒に考え、遊びを進めていく。

（4・5歳児）
"やってみたい
BBQごっこ"
デイキャンプを終えた5歳児を中心に、かまどづくりが始まる。

● デイキャンプで飯盒炊飯をした経験が生きている。
● 必要な物を探して、かまどを作っている。

保育者が遊ぶものを用意しなくても、子どもは自分たちで作っていく。

4・5歳児

崩れているかまどを見て、
● あきらめている
● 悔しがり腹を立てている
● 修理しようとしている
　子どもがいる。

4・5歳児がいない間に3歳児がかまどを崩す。

3歳児担当保育者

遊びたいようだが、使い方がわからず、かまどに登って危険！

4・5歳児担当保育者

● 安全に遊べるように、かまどを撤去しようか…？
● 遊びを続けさせてあげたい。

【援助の方向】

子どもの遊びを支えるための援助を考えていこう！

具体的な援助方法

● 崩されてくやしい気持ちを受け止め、再度遊びを進められるように支える。
● 4・5歳児に働きかけ、3歳児も安全に遊べる方法を考えられるようにする。

一斉保育の固定概念からくる先入観や多忙業務による情報共有の不足で、失敗をしながらも、子ども理解や環境構成の視点がわかるようになってきました。"子どもの姿をとらえる、共有する、実践する"を連動させることが、子どもの遊びの支えになると確信しています。これからも子どもと一緒に環境を創造し、「子ども主体の保育」を目指していきたいと思います。 ✿

4・5歳児
● 崩れにくいかまどにするために強度を追求している。
● 3歳児にかまどの遊び方を教えるようになる。

3歳児
● かまどの遊び方がわかり、ままごと遊びを夢中で楽しんでいる。

（4・5歳児）
かまどを作り直しBBQごっこを楽しむ

（3歳児）
かまどを使ってままごと遊びを楽しむ

4・5歳児
● かまどを崩された経験から、考え工夫して遊ぶようになっている。

3歳児
● かまどがあることで、イメージが膨らみ、さらに遊びを楽しんでいる。

【援助の方向】
子どもが味わっている充実感を自信につなげよう！

（3歳児）
"やってみたいやきいも"
さつまいもを収穫し、願い始める。

具体的な援助方法
● かまどを作ったり、遊んだりした子どもが、思いを発信できる場を設ける。

（4・5歳児）
"やってみたいかまどで料理"
繰り返し遊びを楽しむ中で願い始める。

3歳児
やきいもを作ってくれた4・5歳児への親しみと憧れが増している。

4・5歳児
● かまどを使いながら、誇らしそうな様子で遊びを進めている。
● "やってみたいかまどで料理"が実現し、達成感を感じている。

（3・4・5歳児）
かまどでやきいもをする。

● 子どもは"やってみたい"を叶えるための力をもっている！
● 自然なかたちで異年齢のかかわりがもてている。

【援助の方向】
子どもが遊びを進めていく力を信じ、それを支えるための援助をしていこう！

認定こども園　野田学園幼稚園
所在地：山口県山口市
定員：360名
運営：学校法人野田学園

Comment 野田学園幼稚園の実践をともに考える

子ども主体の保育に変える・考え合う・工夫する

　一斉の活動を中心とした保育から遊びを中心とする保育への変革では、保育の形態を変えるだけでは、子どもの遊びや生活が能動的になり、主体性が保障されるということにはなりません。環境を通して行う幼児期の教育は、子どもを取り巻くすべてのものと子どもとのかかわりや、そこでの子どもの生活と考えることといえます。

　どんな保育の形態であっても、まずは園の環境の中で、子どもたちが日々どのように過ごしているのか、子どもの動きや遊びの様子から子ども理解を深めていくことが大切です。園のどこでどのように遊んでいるのか、子どもが何をおもしろいと感じているのか、遊びを通してどんな経験をしているのかなど、子どもの姿から、子どもにとってのその環境の意味や役割をとらえていきます。

　そのためには、一人ひとりの保育者が、子どもが何をやっているかという見方から、子どもの遊びや動きに意識を向けながらも何に興味をもっているか、あるいは、どんな思いで向き合っているのかなど、子どもの内面に近づきながらとらえていくことが必要です。そこから初めて、必要な援助や環境構成の方向が見えてきます。

写真1　うわーお水が出てきた　たたまたまペットボトルを押すと飛び出した水。そこからもっと水をとばすには…。ペットボトルを変えたり押し方を工夫するなど、友だちと一緒に探求が始まります。

写真2　蛇口に興味が!?　2歳児、水が出てくることよりも蛇口に興味が…。5歳児がやり方や加減を教えてくれているけれど…。子どもたちが自分の思いで過ごす生活のいろいろなところで、異年齢の自然なかかわりが生まれていきます。

写真3　お水が流れてきたー　砂場からあふれて流れてきた水。水と真砂土(まさど)の感触を味わうことも、水の流れを見つめることも、子どもにとっては大事な時間。砂場の遊びも、子どもの興味が向く方向には広がりがあります。

ミーティングのもち方の工夫

こうした子どもの遊びをとらえる目を鍛えていくことも、保育者の専門性としてとても大切です。それは、記録や保育者同士が語り合うなどの振り返りによって促されます。野田学園幼稚園では、幼稚園教育要領の改訂をきっかけに、日々の保育実践の見直しと園の研修を並行して取り組みました。

その取り組みの1つが、保育者同士が語り合う保育後のミーティングのもち方の工夫です。ミーティングに必要な時間の捻出のために、1週間のスケジュールを見直し、15分・30分と時間を決めて取り組む体制が整えられました（表1）。

さらに、休憩室を設けてオン・オフを分けることで、気持ちをリセットして仕事に臨めるよう職員の生活環境の改善も行われ、その結果、ミーティングの時間も確保されました（写真4～6）。

写真4　こどもミーティング①。記録を振り返りながら話し合います。

写真5　こどもミーティング②。動画を見ながら話し合います。

写真6　カリキュラムミーティング。付箋を使って思いを伝え合います。

表1　1週間のスケジュール

	月	火	水	木	金
13:15〜13:30	休憩	休憩	休憩	休憩	休憩
13:45	こどもM	こどもM	こどもM	こどもM	保育記録
14:00〜14:15	週案	保育記録 園務 保育環境整備	保育記録 園務 保育環境整備	保育記録	乳幼主M or （月2）全体M
14:30	保育記録			学年主任M	
					学年主M
15:30〜15:45	休憩	休憩	休憩	休憩	
16:00	こどもM	こどもM	こどもM	こどもM	園務業務 保育記録 保育環境整備
16:15〜16:30	園務 保育記録 保育環境整備	園務 保育記録 保育環境整備	園務 保育記録 保育環境整備	週案	
17:00				保育記録	

　　乳児担当　　　幼児担当　　　乳児・幼児合同　　　個人　　　　　　M…ミーティング

　もう一つは、記録の工夫です。子どもが遊ぶ様子を全体的にとらえるマップ型の記録（前述の事例）とエピソードの記録によって、子どもの思いや遊びの中での育ちなどを、丁寧にとらえることを重ねています（図1）。

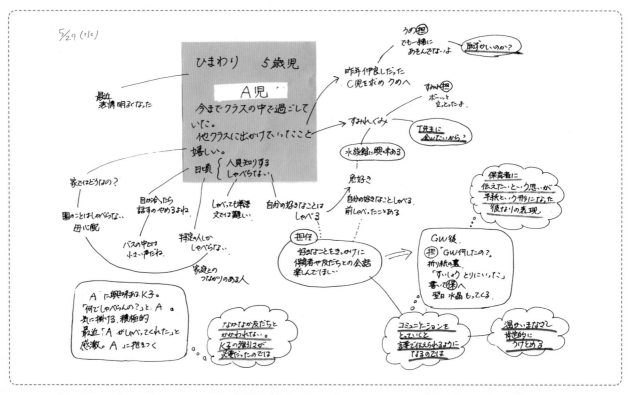

図1　こどもミーティングでのエピソードの記録と考察

園庭の環境の見直し

　振り返りと実践が有機的につながり、保育者それぞれに子どもの姿が見えるようになると、あれもこれもと気になり、欲張っていろいろやりたくなりますが、園としての方向を確認し、できるところから日々の生活の中で丁寧に積み重ねていくことを大事に、まずは園庭の環境を見直すことから進めていきました。

写真7　園庭の環境を子どもの動きや遊びから振り返る　遊具の間に子どもたちが点在しています。園舎の前の大きい遊具のある場所は、もっと遊べる空間として活かせるのではと気づいて…。振り返りから、子どもの動きや遊び、環境の関係が見えてきます。

園庭の遊具や用具の配置は、子どもの動線と遊びに影響します。

例えば、こども園側の園庭の園舎前には、大型遊具が据えられていましたが、そこは子どもが保育室からすぐ出て遊べる空間としての可能性が見えてきました。さっそく、保護者の協力で移動。テントで陰を工夫すると、乳児も含め低年齢の子どもたちがゆったり座り込んで遊べる場として活かされ、大きい年齢の子どもたちもまた、思い切って遊べるようになりました（写真7）。

また、砂場の用具は容易に出し入れできることから、倉庫の前に置くのが慣例でしたが、用具のある場所のそばで遊ぶ子どもの姿や、空間がうまく使われていないことも見えてきました（写真8）。そこで、（砂場の）用具のカゴの位置を少し移動すると子どもの動きも広がり、遊びが続いたり発展したりするようになりました（写真9）。

用具や道具の配置は、わかりやすく決まった場所も大事ですが、子どもの動きや遊びの展開に合わせて、必要な場所に動かしたり出したり入れ替えたりなど、環境の再構成を考えていくことも必要です。

保育の見直しから園の研修のあり方など、私も実践的にかかわり、また外から客観的に見ながら振り返りや子ども理解について、園の先生方と一緒に考え進められたことも、効率よく改革を進めることを支えたと思っています。野田学園幼稚園のように、実践と研修を融合させながら日々の生活を見つめ直していくことも、園として考えていきたいテーマです。

今ある環境を、子どもの姿からとらえ直してみることから始めてみませんか？

（山口大学教育学部准教授　川﨑徳子）

写真8　遊びの空間を確保　保育室からすぐに屋外に出られるスペースは、低年齢の子どもにとっては大事な空間。それを確保することで、3歳児以上の子どもたちにとって必要な遊びの空間も生まれ、それぞれの生活が保障されるようになり、子どもの遊びも動きも変わってきました。

写真9　砂場の用具は倉庫前でいいのか!?　保育者が片づけやすいこともあり、倉庫前に砂場の用具のかごを出していましたが、子どもの動きをよくみると、その周りで遊ぶようになり、遊びが広がりにくいことに気がつきました。

写真10　用具も道具も必要な場所へ　子どもの遊びを見ながら、用具や道具を出す場所を考えていくと…、遊びがますますおもしろくなって…園庭の真ん中で大工事が始まりました。

やりたいことを実現できる遊びの場の設定

—— 江東区立元加賀幼稚園

江東区立元加賀幼稚園では、子どもたちがやりたいことを実現できるように、遊びの場を整えています。幼児が遊ぶ姿から興味をとらえ、遊びに必要な素材を用意し、場を作り、環境を構成しています。劇遊びなどを発表する「こども会」も、行事に向けた取り組みとしてではなく、普段の生活や遊びの中で、子どもたちが興味をもっていることや楽しんでいることをもとに取り組めるようにしてきました。

ここでは、ある子どもの興味・関心を、保育者がかかわり場を整えることで実現し、さらに深める取り組みを紹介します。

「ドクターヘリに乗りたい」を実現するために

大好きなドクターヘリが載っている図鑑のページを見るK

ドクターヘリのプロペラを作っている様子。傘の骨にプロペラを貼ったら上手にできそうだと考えています。

Kは、テレビドラマで見た「ドクターヘリ」に強い憧れをもっていました。7月頃から毎日、乗り物図鑑を眺め、「A先生(ドラマに出てくる救命医)が、これに乗って助けに行くんだ」と嬉しそうに話していました。大型積み木など重いものを運ぶ時は、いつも「いち・に・さん!」と、救命医が患者を担架に乗せるようなかけ声をあげて持ち上げます。

11月初旬、こども会に向けた取り組みが始まりました。保育者は、子ども自身がなりたい憧れのものになって、友だちと一緒に表現することを楽しんでほしいと考えました。そこで、学級全体に「こども会、どんなことをしたい? やりたいことやなりたいものを考えてきてね」と呼びかけることにしました。子どもたちからは、「海賊になりたい」「プリンセスになって踊りたい」等たくさんのやりたいことが集まりました。Kのやりたいことは「ドクターヘリに乗りたい」です。

劇のメンバーが決まり、その内容を相談することになりました。挙がった役は、「人魚」「救命医」「ナース」「2人のプリンセス」「海賊」「ライオン」「お茶の先生」。この役で一体どんな話になるのか、保育者も見当がつきませんでしたが、話を聞いてみることにしました。

保育者は、友だちの言葉が劇をする仲間全員に伝わって活動でき

プロペラ完成。ヘリに付けよう。

るように、幼児の言葉をイラストにし、話の流れを整理するようにしました。そしてできた話は、「人魚の島に、お茶の先生からお茶会の招待状が届くが、陸地に行けない人魚は困ってしまう。海賊がドクターヘリを呼び、救命医とナースは、人魚に歩くことができるようになる薬を渡す。薬を飲んだ人魚は歩けるようになり、プリンセスやライオンも仲間に加わり、最後はお茶会に行ってお茶をいただく」というものです。

劇に必要な大道具の製作を始め、子どもたちが悩んだのは、ドクターヘリの作り方でした。「4人乗れて、本物みたいにするにはどうしよう」。Kのドクターヘリへのこだわりは強く、「プロペラがついているんだよなぁ…」などとつぶやく姿が見られました。保育室に掲示されたドクターヘリの写真を見て、傘を使うとプロペラができそうだということに気づき、皆で傘を解体し、骨組みを使って回るようにした。迎えたこども会で、Kは憧れの救命医になりきることを楽しみました。

プロペラ取り付け。ヘリの中に友だちが入り、プロペラの高さを調節しています。

こども会の後、年少児をドクターヘリに乗せてあげるK

遊びをつなげる・深める

　こども会が終わった後も再現遊びができるように、劇で使ったものを残しておくと、年少児が「ドクターヘリに乗せて」と、Kのところに来るようになりました。Kは得意になって「こっちだよ」と年少児を案内し、ドクターヘリに乗せてあげました。ドクターヘリの乗車会は続き、毎日年少児を乗せる姿が見られました。

　年末になり、大掃除をすることになりました。掃除をする場所を相談し、こども会で作った大道具も片づけることに決まりました。子どもたちは、「こんなものも作ったね」「きれいにしよう」などと話しながら、大道具の解体に取りかかります。しかし、Kだけは浮かない顔をしています。大好きなドクターヘリを壊したくないようです。「年少さんもまだ乗りたいと言っていたよね」「ドクターヘリをとっておくのはどうかなあ？」などと、小さな声でつぶやきました。しかし、その声は友だちには届かず、ドクターヘリは今にも解体されそうです。

　Kの姿に気づいたのか、同じ劇をした女児が「じゃあ、ドクターヘリにお別れの言葉を書くのはどう？」と提案しました。「ドクターヘリありがとう」「さようなら」と、次々にお別れの言葉が書かれていきます。そして、Kが書

ヘリの解体時にお別れの言葉を書く幼児（看護師役）

Kが解体時に書いた「ばいばい」の文字

ヘリ解体時。プリンセス役の幼児が「ドクターヘリにお別れの言葉を書こう」とみんなに提案し、書いた文字は「どくたあさよなら」

ヘリの解体

解体した後翼

いたのは「ばいばい」。お別れの言葉を書き終えると、K
も意を決したように解体に取りかかりました。

　そんなKの姿を見ると、保育者はドクターヘリを終わり
にすることが心苦しく、翼の部分だけをとって保育室に飾
ることにしました。翼だけになったドクターヘリを見て、
Kは「楽しかったね」と話していました。

　Kの心にはまだ、皆で作ったあのドクターヘリが残って
いるようでした。Kや友だちたちの姿を見て、幼児の興
味・関心や思いに寄り添って援助することで遊びが展開し、
一人の思いに周りの幼児を巻き込むことで、遊びがつな
がっていくことを実感しました。　　　　　　　　❀

解体後、保育室に掲示したドクターヘリの後翼

江東区立元加賀幼稚園
所在地：東京都江東区
定員：120名

江東区立元加賀幼稚園の実践をともに考える

「協同性」を生み出す環境につなげる

本事例では、「こども会」に向けた取り組みを、行事としての取り組みではなく、普段の生活や遊びの中で、子どもたちが興味をもっていることが実現できるようにしたいという、「保育者の願い」が実践のスタートにありました。

保育者はKのつぶやきや大型積み木を運ぶ様子を丁寧に読み取り、「ドクターヘリ」に対する強い思い入れを感じ取りました。Kだけでなく、他の幼児一人ひとりの興味や関心も大切にしてかかわりました。だからこそ「救命医」「ナース」「人魚」「海賊」「プリンセス」「ライオン」「お茶の先生」という実に多彩な役者がそろったのです。

幼児一人ひとりの思いを大切にしながら、それらを一つのストーリーにしていくことは簡単なことではありません。保育者は「いったいどのような話になるのか見当もつかない」という不安を抱きながらも、幼児一人ひとりの発言を丁寧に拾って、それを自分の得意なイラストにしながら、話の流れを整理することを試みました。

幼児は、友だちと一緒に保育者が描いたイラストを共同注視しながら話し合うことで、自分のイメージしていることと友だちがイメージしていることをすり合わせながら、ストーリーを考えていきました。

結果的にそのイラストと、幼児にとって自分の発言をしっかりと受け止めてくれる保育者のかかわりが、一人ひとりの幼児の「なってみたい」「やってみたい」という思いをつなぎ、友だちと一緒にオリジナルストーリーを作り出すという「協同性」を生み出す環境となったのです。

保育者のかかわり方の大切さ

次に保育者は、幼児がドクターヘリを制作するにあたって、「本物みたいにしたい」「プロペラがついている」という幼児の発言を受け止めながら、写真を掲示したり、傘を用意したりします。幼児の思いに沿った環境の構成が工夫されました。

さらに注目すべきことは、こども会が終わった後のことです。保育者が「こども会の再現遊びができるように使ったものを残しておく」という環境を構成したことから、ドクターヘリの試乗会が始まりました。遊びが行事の終わりとともに立ち消えず、次の遊びへと発展することになったのです。

ドクターヘリを解体することになったとき、渾身の思いを込めて「ばいばい」と書いたKの姿を保育者は心苦しく思い、翼の一部を保育室に飾りました。行事で使った「物」としてではなく、幼児の「作品」として丁寧に扱ったことが、Kが飾られた翼を眺めながら「楽しかったね」と言う言葉として表すことになりました。このことからKが満足感と充実感を味わえたことがうかがえます。

また、本事例では、保育者のかかわり方の大切さも示しています。保育者が幼児の興味や関心、考えていることややろうとしていることに面白さを感じながらかかわるという姿勢です。園長や主任、他の学級の担任など、園全体がドクターヘリに注目し、劇の進捗状況や、こども会が終わった後のドクターヘリの試乗会の様子に大きな関心を寄せるという、幼児の遊びの様子を面白がる雰囲気もありました。

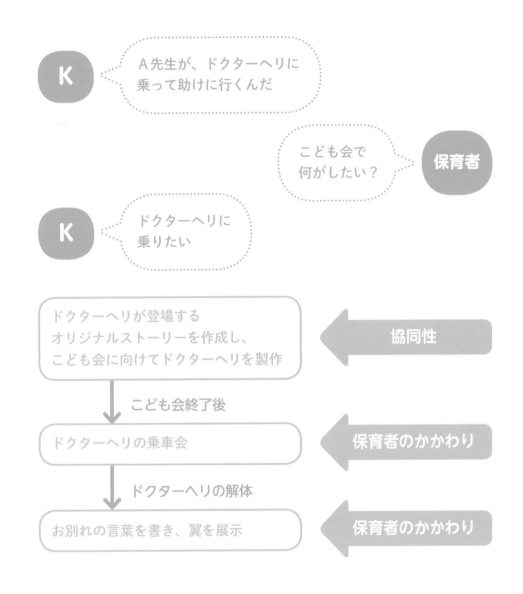

目に見えない状況や雰囲気こそ重要な環境

　この実践では、保育者は決して先回りせず、常に幼児の後を追いかけながら、必要と思われる環境を再構成しています。また、幼児の思いを受け止めながら、常に共感的にかかわる姿勢をもっています。幼児にとって人的な環境である保育者のかかわり方が、幼児が主体的に遊びを発展させ、「やってみたい」「なってみたい」という願いを実現できる遊びを保証することを示しています。

　環境というと幼児の目に触れたり、手に取れたりする視覚的、物的なものをまず考えてしまいます。しかし、保育者の言葉や表情、担任以外の保育者集団の関心度や園の雰囲気など、目に見えない状況や雰囲気が、幼児の「やってみたい」という意欲を引き出して遊びを発展させる重要な環境になるということを、本事例は示唆しているのです。　　　　（江東区立みどり幼稚園園長　仙田晃）

ここが迷う
環境構成のQ&A

ここでは、環境を改善するときによく出てくるお悩みの声をもとに、改善のヒントとなることをお伝えしていきます。

改善のために自分の園に置き換えたならどんな形になるのかを想像し、職員同士で話し合いながら、「やってみて、子どもの姿を見て、また変えてみる」という改善のサイクルを作ってみてください。

Q1 保育室ががらんどう…
スペースを区切るものがない

育ちの中で大切にしたいこと

子どもたちのそれぞれの遊びには、その仲間と共有したいストーリーやイメージがあります。それらは時に、秘密基地のような包まれる空間で、伝え合いたいものです。広々とした空間では、その遊びの拠点となるモノやスペースが確立できず、遊びが混在しやすくなります。

子どもたちは、見えない空間を常に意識し合わなければならず、そこに足を踏み入れてしまったばかりにトラブルになることもあります。子どもにとってのスペースは、遊びを深めていくための大変重要なものととらえておくといいでしょう。

モノ・人・場のヒント

まずは、保育室にあるモノで可動式のものを活用して、空間を分けてみましょう。また、ついたてがあると、臨機応変に囲うことができます。既製品や前述のように作成することも可能ですが、難しい場合は既製品や写真の例のように作成するだけでもスペースを区切ることができます。

また、ビニールや布などを使って屋根を作ると、包まれたようになります。 → 14、16頁参照

空間を子どもたちが作るようになるためには、一つひとつの遊びの場が、保育者の手によって大切に守られている経験が必要です。例えば、積み木を使って遊んでいるところを、他の子どもが走って通らないように、サッとついたてを置きます。

→ 22頁参照

このように保育室の中で、遊びの場、生活の場をそれぞれ大切に作り出す保育者の姿を見ることで、子どもたち自身が、保育室は自分たちの大切な場所と考えるようになります。

ともに過ごし、工夫し、大切に使いながら、居心地よく過ごすことを子どもたちと考えていきましょう。

→ 54、56頁参照

120

Q2 製作の準備

自由に製作する環境には何から用意したらいいの？

育ちの中で大切にしたいこと

子どもたちは、生活や遊びからイメージを膨らませ、何かになりきったり、そのために必要なものを思いついたりします。ブロックや積み木、ままごとなどが、それらを表すものとして使われますが、徐々にそれらでは十分に表せないほどイメージは複雑かつ詳細になってきます。

遊びそのものに必要なものをイメージに合わせて作ることができたり、描くことが自然に行えたりすると、子どもはますます探究心をもって工夫して表現するようになります。

モノ・人・場のヒント

部屋の片隅に、机やテーブルなど、落ち着いて作業できるスペースを作り、道具や素材を置いてみるといいでしょう。最低限必要なものとしては、描く、切る、貼るができる材料や道具です。

ペンやマジック、ハサミ、セロテープのほか、箱やカップなど扱いやすい廃材が用意されていると、何かが始まりそうです。

→ 36頁参照

作ったり描いたりすることが日常的に行われると、創りたいものを具体的にイメージして、適切な材料を選んだり道具を使うようになります。

保育者が作りすぎてしまわないように気をつ

け、子どもがイメージしていることを聞いたり、相談したりしながら、多様な素材や道具に出会えるようにしていきましょう。

→ 34頁参照

多様な経験が積み重なる中で、創りたいモノの夢は膨らみ、大きいモノも作るようになります。船や車、家や水族館等、大きいモノを作ることによって、自分たちが包み込まれ、なりきることを

支えられます。

できるだけ丈夫な材料を使って、継続的に遊べるといいですね。

→ 62頁参照

第5章 ここが迷う 環境構成のQ&A

Q3 飾っておきたい…
創作活動を継続させるコツは？

育ちの中で大切にしたいこと

　4・5歳になると、子どもたちは、作ったモノを使って遊んだり、遊びの中で思いついて作ったり、翌日もその遊びを楽しみに登園するようになります。遊びが継続していくことで、深まったり広がったりつながったりしていくのです。

　保育室の壁に、棚があっても飾るほどのスペースがない、置き場所がないというのはよく耳にします。また、製作物の形や大きさはさまざま、一様に飾れるわけではありません。

　保育者が決めるだけでなく、子どもたちとともに、どこにどんな形で取っておくか、相談しながら決められるといいですね。

モノ・人・場のヒント

　棚があればいいというわけでもありません。取っておくその方法は、作ったモノからヒントを得ることができます。

　たとえば、描いた絵は、見えるように壁に貼ったり、天井に張ったひもに吊るすことができます。棚がなければ、積み木や段ボールで簡易に棚を作って飾ることもできます。作った衣装をハンガーにかけて壁に吊るすというのも妙案です。大がかりなモノは、片づけずにそのまま飾りましょう。

　保育者としては「どのように片づけるか」「次の活動の邪魔にならないようにどこにしまおうか」と考えてしまいがちですが、次の活動のためには最低限のスペースを確保すればいいと割り切って考えましょう。

　子どもたちが作ったものを、いかに次に継続させるか、子どもと一緒に考えられるといいですね。例えば、明日も使う予定があるのか、もういらないものなのかを問うことも大切です。この空間でみんなで暮らしていくために、どのように使うのかを子どもが主体的に考えるためのサポートをしていきましょう。

Q4 一人ひとりの遊びを大切に…
満足できるまで やらせてあげたい けれど、時間や 場所に余裕がない

育ちの中で大切にしたいこと

経験したことをもとに、「あれは何だろう」「おもしろそう」「やってみたい」と思うことが増えてきます。この興味関心は、一人ひとり違うということが大事です。一緒に遊んでいても、今そこで実現しようとしていることは違ったり、同じように実現したいことを共有しながら、その子ども

なりの役割を果たそうとすることがおもしろいのです。

興味関心が全員違うといっても、全員分の遊びを用意しなければならないわけではありません。子どもたちが関心をもっていることの共通点やつながりを考えてみましょう。

モノ・人・場のヒント

保育室の中でできる遊びが、ままごと、ブロック、積み木、電車…1年間ずっと同じということはありませんか。

子どもの遊びは、その空間やモノから引き出されることが多いのですが、環境が変わらないと新

しいアイデアは生まれません。

まずは散歩に行ったり、休みの日に経験したりしたことをヒントに、子どもがやってみたいと思っていることを探り環境を見直してみましょう。

→ 62、66頁参照

保育者は、子どもが遊び始めた時に、あれやこれやと想像します。子どものイメージを実現させてあげたいという思いから、一緒に作り始め、かなり本格的に仕上げてしまうこともありますが、あくまでも主体は子どもということを忘れないようにしましょう。

例えば、水族館一つでも、子どもがイメージし

ているものと保育者がイメージしているものとは違います。第1章では、保育者のイメージしたものとはまったく違っていた様子が書かれていたことに触れましたが、その違いをていねいに見て、面白がり、尊敬し、そっと支えることが保育者の役割となります。

→ 2頁参照

合同保育で
４・５歳児が
十分に遊ぶ
ためには？

育ちの中で大切にしたいこと

　４・５歳になると、イメージが豊かになり、言語が発達し、動きも微細になり、友だちとの関係性も豊かになり、遊びが複雑化していきます。その中で、小さな子どもたちと一緒に遊ぶことが成り立たない場面も出てきます。

　小さな子どもたちと遊んでいると、「大きいから」と小さな子どもに配慮することを優先しがちですが、その中で子どもたちの望みはかなえられているかどうか、しっかりと見る必要があります。

モノ・人・場のヒント

　小さい子どもたちの部屋を間借りするかたちで遊ぶ場合は、いつも使っている玩具や作ったものなどを運び入れられるといいでしょう。「続き」ができる安心感から、心おだやかに遊ぶことができます。

　また、自分たちの部屋にはない玩具に喜ぶこともあるでしょう。幼い遊びと思わず、どのような楽しみ方をしているかをよく見て、次への展開のヒントにしましょう。場所は違っても、やりたいことができる空間であってほしいですね。

　子どもたちが始めた遊びは、やりたいイメージを維持して十分に形になっているかどうか見ておきましょう。小さい子どもたちが入ろうとしたり、取ろうとしたときには、まずは場を変えたり、小さい子どもたちのために同じものを用意するなどして、スペースを分けて大きい子どもたちの遊びを尊重します。

　小さい子どもたちと大きく異なるのは活動量です。小さい子どもたちに合わせると、こじんまりと静かに、落ち着いた遊びを求めてしまいますが、モノの量、遊ぶ時間、身体の動きなどに配慮して、モノ・人・場を緩やかに調整しましょう。

第 **6** 章

保育の環境と評価

評価の方法には、あらかじめ評価基準を設け、保育実践や子どもの姿がその基準にどのくらい合っているか確認する「量的評価」と、保育実践や子どもの姿を文章や写真などの形式で記録し保育者自らの振り返りや職員間の話し合いに用いる「質的評価」があります。
環境構成のための保育の評価について考えてみましょう。

1 評価とは 何だろう？

日常の保育のプロセスに位置づけられる評価は、その場かぎりで終わるのではなく、計画・実践・評価・改善を繰り返すことを通じて、継続的に実施されることが大切です。

保育の環境を評価する

　日本の保育は「環境を通して行う」保育です。イタリアのレッジョ・エミリア教育の創始者マラグッツィもまた、環境を大切に考えていました。『空間は第三の教育者である』という有名なことばは、子どもの学びの質は子どもを取り巻く環境空間の質に左右されることを意味しています。

　評価の方法には、大きく分けて、あらかじめ評価基準を設け、適合しているかどうか確認する「量的評価」と、省察を文章等にまとめ保育者自らの振り返りや職員間の話し合いに用いる「質的評価」があります[*1]。この2つを組み合わせることで評価の有効性が高まると指摘されていますが、多忙な保育現場ではなかなか難しいかもしれません。それでは、環境構成のための保育の評価はどのようにしたらよいのでしょうか。

	量的評価	質的評価
特徴	●決められた項目内容に照らし合わせ、実施状況や達成状況を段階や数値で示します	●保育活動や環境、子どもの姿、保育者の振り返り等について文章、写真、図、作品などで示します
長所	●「質の高い保育」を示した項目を網羅し基準にすることにより、包括的な現状の把握や課題の発見が容易になります ●結果をグラフや表で客観的に示したり、以前の状態や他者（園）と比較したりすることができます	●主観的に評価するプロセスを通じて保育の意味や創意工夫について自ら学ぶことができます ●その園の保育の文脈に沿いながら子ども理解を深めたり、保育者間で共有したりすることができます
短所	●項目内容が「質の高い保育」として全ての園に適用できない場合があります ●数値で示された調査結果の解釈や読み取りが必要になります ●社会的に最も受け入れられやすい回答を行う傾向から形式的な評価になりがちです	●記述したり素材を組み合わせて構成する保育者の力量が必要になります ●取り上げた場面やエピソード、解釈などの偏りや不足に気づきにくいかもしれません ●率直に語りあえる職場環境や対話の時間を確保することが必要です

保育者は環境のデザイナー

　これからの時代、教師や保育者は「創造的な環境のデザイナー」であることが求められています（OECD、2018）[*2]。「日本のフレーベル」として近代保育を

[*1] 詳しくは、131頁以降も参照。
[*2] (Paniagua, A., & Istance, D. (2018). Teachers as Designers of Learning Environments: The Importance of Innovative Pedagogies. Paris：OECD Publishing.）。OECDは2018年の報告書で、革新的な教育を推進するには、教師自身が創造的な問題解決者となり、子どもが本来もっている創造性、協同性、探求心を敏感にとらえ、学びの環境をデザインする設計者となる必要があると言っています。

創り上げた倉橋惣三も、保育者自身の「創造性」の必要性を強調していました。

子どもひとり一人の個性が違うように、園の状況や環境も違います。保育環境をデザインするには、特定の手続きや型・設計図に従うというよりも、子どもたちが主体的に生き生きと暮らし、遊び、学ぶ未来を思い描き、柔軟にアイデアを取り入れ、こまめに修正・微調整することが重要になってきます。

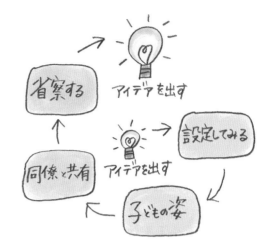

保育をしながら振り返る＝評価する

本書で提案したいのは、実践の中で、環境に少しあるいは大胆に手を加え、同時に子どものヒト・モノ・コトとのかかわりを注意深く観察し、再び何かを変えてみるという方法です。

新たな取り組みが次々とつながる渦巻型プロセスでは、想定外を受け入れ、計画どおりにならなくても動じません。試行錯誤や紆余曲折の後に、思わぬうれしい結果があったりするものです。あせらずにしばらく待ってみる、そばにいる同僚に「どうかな」とちょっと聞いてみるなど、多様な方法を試してみましょう。

渦巻型プロセス評価の要は、自動的な振り返りを引き出す思考習慣、視点（Habits of Mind）です。あなたは、視点の中の子どもの姿をイメージしながら、環境を変え、結果を省察し、保育者同士の対話や連携により、環境を構成・再構成し続けるデザイナーです。

津守真は、保育者による子ども理解の重要性を次のように表現しました。

「子どもは自分自身の心の願いを、自分でも十分に理解していない。おとなが理解することによって、子どもは次の段階へと心的発展をする。」[3]

保育者が「子どもの心の願い」を理解し環境を工夫する行為は、子どもの創造的な行為を生み出します。やがて子どもは、世界を変えていく担い手として育っていくでしょう。そこで私たちは、実践の振り返りや保育で大切にされていることを踏まえ、5つの視点を考えました（次頁）。

＊3　津守真（1987）『子どもの世界をどうみるか──行為とその意味』15頁、NHKブックス

第6章 保育の環境と評価

保育環境を評価する「5つの視点」

日頃の子どもの過ごし方、保育者とのかかわりを客観的にとらえてみましょう。

 視点 **1** ： **気持ち良い生活をしているかな**

子どもたちの健康、安全、物的保障、教育、社会との関わり、生まれてきた家族と社会の中で愛され、認められ、その一員として含まれているという感覚を重視しています。(UNICEF)

心地よく身体を動かして遊びたい、穏やかに食べたり飲んだりしたい、ほっと一息ついて休みたいといった子ども一人ひとりのウェル・ビーイングへの要求が満たされる環境になっていますか。

 視点 **2** ： **注意深く観て、能動的に聴いているかな**

さまざまな分野で子どもが達成したことよりも、認知的なプロセスに大人がより注意を払おうとするとき、子どもの創造性がより見えるようになるのです。(L・マラグッツィ)

子どもは偉大な観察者です。子どもたちは何をじっくり観て、何に耳を澄ませ、何を感じ伝えようとしているでしょう。保育者が子どもの小さな気づきやつぶやきをとらえ、タイミングよくかかわることのできる環境になっていますか。

 視点 **3** ： **一緒に面白がることができるかな**

子どもの「センス・オブ・ワンダー」を新鮮にたもちつづけるためには、(中略)感動を分かち合ってくれる大人が、すくなくともひとりそばにいる必要があります。(R・カーソン)

子どもは生まれつき神秘さや不思議さに目を見張る感性をもっています。その環境の中で子どもたちは興味をもち、面白がることができますか。保育者はそれぞれの子どもの発見に関心を示し、寄り添い、一緒に面白がっているでしょうか。

 視点 **4** ： **新しいモノ・コトが作り出されているかな**

子どもたちが想像・創造・遊び・共有・振り返りの良い循環に入れるように支援することが、創造的思考者へと導くのです。(M・レズニック)

これからの時代で重要といわれる創造性は、1人の天才に備わっているものではなく、大人や仲間とともに作り上げられ育まれるものです。独創性や個性を称えていますか。創造的な学びが発生し、根づく環境になっているでしょうか。

 視点 **5** ： **社会が生まれているかな**

子どもたちは単なる未来の市民ではなく、現在および現在の都市の市民であり、自分の意見を表明し、都市の市民生活や文化生活に参加する権利をもっています。(ハーバード・プロジェクトゼロ)

私の声が聴かれていると確信した子どもの関心は、仲間や周囲の人々へと向かいます。家庭や園という身近な社会から地域、国、そして世界へ。他者を知りたい、貢献したいという子どもたちの思いが実現されるような環境になっていますか。

4・5歳児 環境の工夫

※5つの視点は、子どもの姿や保育者のあり方に照らし合わせて考えるためのガイドです。0歳児から5歳児まで同じですが、視点の具体的な内容や重みづけは異なります。

視点 1 ┆ 気持ち良い生活をしているかな

子どもたちが目的をもち、積極性や自主性を発揮するには、新しいことに挑戦できる環境で、お気に入りの場所や好きな遊び（学び）を保証してもらいながら、自分とは異なる他者の考えに出会ったり、仲間と協力しあったりする多様な経験が大切です。その連続が気持ち良い生活です。

視点 2 ┆ 注意深く観て、能動的に聴いているかな

じっくりと集中できる場所を準備したり、子どもが自分で活動エリアを作ることができる工作物を用意してみます。そして、夢中になっている子どものつぶやきや語りかけに耳をすましましょう。皆でじっと観ることができるような工夫や、没頭した活動が中断されない、邪魔が入らないように遮蔽する工夫も必要です。

視点 3 ┆ 一緒に面白がることができるかな

子どもの面白い！を引き出すには、まず保育者が普段から子どもの面白がっている様子、やってみたいなという思いに気づくことが大切です。即興劇やジャズのように、子どもの発見に大人が新たな案を提示したり、子どもたちがそれを発展させたりと、コラボレーションできれば面白いですね。子どもたちに寄り添い、何が起こるか、何ができあがるか楽しみましょう。

視点 4 ┆ 新しいモノ・コトが作り出されているかな

子どもが生み出した遊びは、内的な思考の具現化であり、仲間とともに新しいモノ・コトを作り出す原動力になります。可動式の小物や素材の工夫で活動を支えてあげましょう。初めてのことでも、継続してかかわることで新たな発見が生まれます。経験が積み重なり、深い学びへと。結果よりも子どもたちが取り組むプロセスこそ大事にしたいものです。

視点 5 ┆ 社会が生まれているかな

目標に向かい自分たちで環境構成し、遊びや活動に協同的に取り組んだりする時期です。子どもたちと一緒に地図と双眼鏡を持ち、園の外を探検してみましょう。地域の人々や家庭とのかかわりの中に、豊かな環境（ヒト・コト・モノ）のヒントが隠されているかもしれません。

3 5つの視点の使い方

前頁で提案した5つの視点をどのように実践で使えばよいのか、考えてみましょう。

　子ども中心の保育は、子どもの声や思いに耳を傾け、子どもの姿をよく見守ることから始まります。5つの視点は、子どもの主体性（agency）を大切にしながら、その園の環境や保育のあり方に照らし合わせて環境構成を考えるための目標ガイドです。

　人間は目標設定のもとで行動をとると「どうしたらもっと良くなるかな？」「次にどうしたらいいんだろう？」と、無意識のうちに振り返りを行い次の目標を設定するようになります[*4]。

　目の前の子どもの様子や日常の保育を思い浮かべ、視点に沿って考えてみましょう。たとえば、「視点1：気持ち良い生活をしているかな」の場合、「食事の時に落ち着かなくて」「楽しく食べる姿をもっと増やしたい」など、課題点や改善点を思い起こしてみてください。「こうしたらどうなるかな？」と想像してみることが大切です。実行に移した後で、子どもの姿を見てみます。成功しましたか？それともまだ変化が見られないでしょうか。

　次に、実践したこととその結果を、同僚に伝えてみましょう。話し合う時間がなければ、日案や週案に記録して、自由に閲覧できるようにしておく方法もあります。同僚は、あなたの実践を喜んでくれるかもしれません。対話から新しいアイデアが得られるかもしれません。

　そして、次の保育に向けて想像してみます。視点の隣に空欄を設け、エピソードとともに現状や課題点を書きだしてみるのもよいかもしれません。写真やイラストで示したり、振り返りや新しい取り組みのアイデアを書き留めてみましょう。

　132・133頁の「振り返りシート」は、5つの視点をもとに環境を変えていくためのツールです。自由にカスタマイズしてください。

[*4] このような無意識の振り返りはFFA（フィードフォワード・アクション）と呼ばれます。

4 質的な方法による評価

作成されたエピソード記述や写真映像を共有し、保育者間で対話することにより、さまざまな気づきや振り返りが促進されます。

事例・エピソード記述

保育計画や指導計画の具体的なねらいや内容とともに、文章等で記録されます。これらの事例・エピソード記述は保育者の日々の振り返りに用いられたり、園内研修など保育者集団内の学び合いや協力体制づくりに利用されます。

ドキュメンテーション

ドキュメンテーションとは、子どもたちの活動に関する保育者による記述だけではなく、写真やビデオなどの映像、絵や制作物、つぶやきの記録などすべてを含みます。しかし、記録しただけでは本来のドキュメンテーションとはいえず、それらを囲んで保育者・子ども・保護者が対話することで初めて保育のドキュメンテーションとなります。

構成主義の考えに基づくレッジョ・エミリアの教育などでは、保育実践を成立させる主要な要素としてドキュメンテーションを位置づけており[5]、スウェーデンでは国が決めた教育カリキュラムに沿うことから「教育的ドキュメンテーション」と呼ばれています。

第6章 保育の環境と評価

---

[5] C. リナルディ（2001）「ドキュメンテーションから構成されるカリキュラム」C. エドワーズ、L. ガンディーニ、G. フォアマン著、佐藤学、森眞理、塚田美紀（訳）『子どもたちの100の言葉—レッジョ・エミリアの幼児教育』世織書房

ポートフォリオ

　保育教育における（個人）ポートフォリオとは、その子どもの学びや成長過程について、多角的な視点からとらえられ、意味づけされ、言葉・写真・図などで綴られた記録です。保育経過記録や保育日誌とは異なり、保育者だけによって作成されるのではなく、子どもや保護者も作成にかかわることに意義があります。

　ポートフォリオにおける評価は、評価する側とされる側という一方向的な関係性を排し、保育者のみならず子どもと保護者がともに評価する主体であること、子どもの学びは、保育者・子ども・保護者が協働して作りあげていくものであることを意味しています。

ラーニング・ストーリー

　ラーニング・ストーリー(Learning Story)は、ニュージーランドの多くの保育施設で実施されている、観察と記録による子ども理解の方法です。保育者が子どもの視点で語りかけるように記述することが特徴で、文章のみ、または写真や子どもの作品に文章を添えて作成されます。

　5つの学びの構え（関心・熱中・挑戦・コミュニケーション・責任）を手がかりとして、子どもの学びを記述・評価します。介入の際には、できないことに着目する問題点モデルではなく、学びの構えを育てる信頼モデルによるアプローチをとります[6]。

＊6　M. カー（2013）『保育の場で子どもの学びをアセスメントする』大宮勇雄、鈴木佐喜子（訳）ひとなる書房

ウェブ

　ウェブとは、創発的なカリキュラムを作成する際に、保育に関連する物事や出来事を関係づけた概念マップのことです。時間やスケジュールに沿って記録するのではなく、重要と考える子どもや子どもの興味・関心を中央に配置し、関連する事象を図式化しながら、保育の現状を視覚的に把握し、評価します。

　また、評価に基づいた新しい取り組みを計画することにも利用されます。一度作成したウェブに新たな概念を付け足したり、概念間の結びつきを操作したりすることで、保育の思考を柔軟に変化させていくことが可能となります。

保育マップ

　遊びや生活での子どもたちのかかわり、活動の展開や推移について、紙面に書かれた環境見取り図に文章で記録する形式と、その場で環境や人物をイラストで描き文章を交えて記録する形式の2種類があります。

　環境空間とともに、遊びの全体像を具体的に表すことにより、子どもと場、遊具、仲間、保育者との関係性を視覚的に俯瞰し、振り返ることができます。

5 量的測定による評価

> 保育の質（保育行為や保育の中での子どもの姿、環境のあり方）を数値により示し、目標の達成状況や実施状況を比較したり分析することに利用します。

チェックリスト/リッカート式尺度

　チェックリストとは、保育に関して確認すべき重要な項目と、「はい・いいえ」「○・×」「✓（チェック印）」などの判定が対になった一覧表のことです。大切なことを、効率良く網羅的に確認することに適しています。

　判断の選択肢が2つ以上あるリッカート式尺度は、単に「尺度」ともいわれ、アンケートでは最もよく使われています。程度や頻度について細かく判定できる点がチェックリストとの違いです。個々の項目の事柄に対して、例えば「とても○○している・○○している・あまり○○していない・全く○○していない」のように、程度や頻度の段階を設け、数値（1〜4）や記号（A〜D）を割り振り、その値や記号に配点（4点〜1点）することにより評価します。

　チェックリストやリッカート式尺度は、その園が重視している事柄を項目に盛り込むほか、運営母体や地方自治体によって作成され、園内の（または保育者の）自己評価として使用されています。

保育スケール

　海外で開発され現在日本語に訳されている保育スケールには、3−5歳児対象のECERS（Early Childhood Environment Rating Scale）[*7]、0−2歳児対象のITERS（Infant and Toddlers Environment Rating Scale）[*8]、就学前対象のECERS-E（ECERS-Extension）[*9]、2−5歳児対象のSSTEW（Sustained Shared Thinking and Emotional Well-being）[*10]、乳幼児対象のSICS（Self-assessment Instrument for Care Settings）[*11]があります。

　ECERS/ITERSは、日本語では「保育環境評価スケール」と訳されますが、保育者のかかわりも含まれており、集団保育の総合的な質を測定する尺度です。

*7　Harms, T., Clifford, R. M., & Cryer, D. (2016).『新・保育環境評価スケール ①』埋橋玲子（訳）法律文化社.
*8　Harms, T., Cryer, D., Clifford, R. M., && Yazejian, N. (2018).『新・保育環境評価スケール ②』埋橋玲子（訳）法律文化社.
*9　Sylva, K., Siraj, I., & Taggart, B. (2018).『新・保育環境評価スケール ③』埋橋玲子（訳）法律文化社.
*10　シラージ, I., キングストン, D., メルウィッシュ, E.. (2016).『「保育プロセスの質」評価スケール』秋田喜代美・淀川裕美（訳）明石書店
*11　「保育プロセスの質」研究プロジェクト 代表 小田豊(2010).『子どもの経験から振り返る保育プロセス─明日のより良い保育のために─』幼児教育映像制作委員会

	ITERS-3	ECERS-3	SSTEW
観察時の対象	保育者の取り組み	保育者の取り組み	保育者と子どものやり取り/子どもの経験
対象年齢	誕生から2.5歳	2.5歳から5歳	2歳から5歳の保育者
収録されているサブスケールと項目数	「空間と家具」（4項目） 「養護」（4項目） 「言葉と絵本」（6項目） 「活動」（10項目） 「相互関係」（6項目） 「保育の構造」（3項目）	「空間と家具」（7項目） 「養護」（4項目） 「言葉と文字」（5項目） 「活動」（11項目） 「相互関係」（5項目） 「保育の構造」（3項目）	「信頼、自信、自立の構築」（3項目） 「社会的、情緒的な安定・安心」（1項目） 「言葉・コミュニケーションを支え、広げる」（4項目） 「学びと批判的思考を支える」（4項目） 「学び・言葉の発達を評価する」（2項目）
全項目数	33	35	14
全指標数	461	462	160

ECERS-Eは、ECERSに収録されていた認知的側面や文化的多様性の理解を促す保育環境にかかわるサブスケールを拡張した尺度構成となっています。SSTEW[*12]は、Siraj-Blatchfordが提唱した、幼児教育におけるSustained Shared Thinking（ともに考え、深め続けること）の重要性に鑑み開発された保育スケールです。

　これら保育スケールでは、複数の園の査察や研究での使用を目的としていることから、①クラス単位・園単位の保育の質を対象としている、②同じ測定システムの構造（サブスケールと下位項目、項目内容を評定するための質的に異なる7段階の指標）に基づいている、③保育の質の査察や研究に用いる場合は原則的に訓練された評定者によって測定される特徴があります[*13]。

　SICSは、Laeversが提唱したExperiential Education（経験に根差した教育）の鍵となる2つの概念、「安心度」と「夢中度」を測定するための保育スケールです。保育者が観察により個々の子どもの「安心度」や「夢中度」の質的な違いを5段階で評定し、物的環境や保育者の支援の方法に照らし合わせ、園内で振り返りを行います。監査や査察を目的としているのではなく、園内での子どもに関する共通理解や保育者集団の力量の形成に向けて作成されました。

*12 Siraj-Blatchford, I. (2007). Creativity, Communication and Collaboration: The Identification of Pedagogic Progression in Sustained Shared Thinking. *Asia-Pacific Journal of Research in Early Childhood Education*, 1(2), 3-23.
*13 埋橋玲子 (2018). 諸外国の評価スケールは日本にどのように生かされるか　保育学研究, 56(1), 68-78.

第6章 保育の環境と評価

5つの視点振り返りシート

視　点	実践した日		
視点1 気持ち良い生活をしているかな	☐ ◯/◯	☐ ◯/◯	☐ ◯/◯
視点2 注意深く観て、能動的に聴いているかな	☐ ◯/◯	☐ ◯/◯	☐ ◯/◯
視点3 一緒に面白がることができるかな	☐ ◯/◯	☐ ◯/◯	☐ ◯/◯
視点4 新しいモノ・コトが作り出されているかな	☐ ◯/◯	☐ ◯/◯	☐ ◯/◯
視点5 社会が生まれているかな	☐ ◯/◯	☐ ◯/◯	☐ ◯/◯

変えたこと・実践してみたこと・結果の振り返り

コラム① 保育の日常を表現する記録

記録の機能

「子ども理解を深める」ための記録

　子どもたちは、自分の思いを言葉だけでなく全身で表現するので、保育者は子どもたちの心情や経験していることを理解する必要があると考えられます。ですから、次のような視点から見ていくことが必要になるのではないでしょうか。

● ヒト・モノ・コトなどの環境へのかかわりはどのよう

にしているのか。
● 子どもたちが何に興味・関心をもち、どのような遊びに出会いかかわろうとしているのか。
● どのように生活への取り組みを行っているか。

　これらの視点で記録することにより、その子どもの理解を深めることができると思われます。

「明日の保育を構想していく」ための記録

　保育という営みは、子どもと保育者が共に織りなし、共に作り上げていく共同的な作業でもあるといえます。子どもの姿や自分の思いを記録した記録から、明日の

保育への構想を考えていくことも大切です。どんなにすばらしい計画よりも、記録による実態を踏まえた環境や計画のほうが意味のあるものになるでしょう。

「自分自身の見方や枠組み・とらえ方を知る」ための記録

　保育とは、さまざまなコトが複雑に絡み合って織りなされていく行為です。しかし、その瞬間の出来事を自分を通して記録することで、その場面を意識化することができるのではないでしょうか。加えて、自分の保育に対する見方や枠組みを自覚することもできます。保育を思い出しながら記述することによって、自分の保育が記録されることは、省察的行為ともいえるでしょう。したがって、記録をとって読み返すという行

為は、自分の保育の枠組みを知る行為でもあるのです。

　以上、記録に関する機能を大まかに分類してみました。今か書いている記録はどのような宛先（読み手）に向けて書いているのかでしょうか。その宛先を意識していく必要があるのではないでしょうか。記録は宛先によっても意味が大きく変わってくるのです。その宛先を考えていきましょう。

記録の宛先

保育者（自分・自分達）に向けた記録

　その日の出来事や心に残ったこと、保育という再現可能ではない行為を自分を通して、考え・振り返り・

見直し・改善し、次（明日）の保育計画に活かしていくために記すものになります。

保護者に向けた記録

　子どもの育ちを支える上で、保護者はまさに当事者ともいえるでしょう。そのため、園での子どもの様子を保護者に向けて発信していくのはとても大切です。

子どもの今の姿、発達や成長してきた部分を伝え、園での保育の意味や子ども理解を伝えていく記録でもあります。

保育の指導の記録（要録等）

　公的な意味での記録で、保育指導の意味や子どもの育ちの継続性や連続性を確保することから、翌年度の

担任、小学校へと引き継がれます。指導の記録は、重要書類として保存期間も定められています。

保育を表現する記録としてのドキュメンテーションの活用

　ドキュメンテーションとは、イタリアのレッジョ・エミリア市の幼児学校等でプロジェクトアプローチを記録する方法の1つとして、近年、さまざまな国・園が

取り組んでいます。その特徴は、文字・画像・音声等を使い、ドキュメンタリーのようにして記録する方法です。

私たちは保育をしている中で、記録は「書かなくてはいけないもの」とイメージしているのではないでしょうか。もちろん、決められている記録という存在があることは否定できません。しかしなぜ、記録というものが必要とされているのでしょう。もう一度なぜ記録は必要なのかについて考えてみたいと思います。

大きな特徴は、文字以外の記録を使うこと、活動にどのようなプロセスがあったのかを記録することです。子どもがモノやヒト・事柄に熱心に・没頭し・かかわっ

ている過程をまとめることで、その意味が可視化されやすい記録として注目されています。

ドキュメンテーションの実際

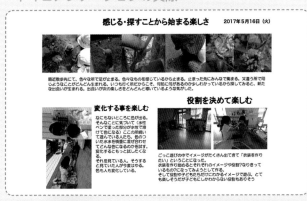

写真1　このドキュメンテーションでは、保育者が子どもの姿からおもしろいと思った場面を、トピックとして3つまとめています。この日は「楽しさ」に焦点を当てて感じる（環境）・変化する（モノ）、役割（ヒト）について作成しています。写真を使うことにより、場面を想起しやすくなるので、子どもたちのプロセスが見えやすくなっています。一方で、これ以上情報量が多くなると、伝える側の熱意は伝わりますが、読み手はどこを見ればよいのかが、ぼやけてしまうでしょう。

写真2　このドキュメンテーションの特徴は、1つの大きなテーマ（この場合は興味がそれぞれに向いたこと）に基づき、それぞれがどうだったかということを記録し作成している点です。それぞれのとらえ方の違い、子どもの興味が今どこにあるのかについて考えていく上ではわかりやすい記録です。ただし、1つの見方に偏らないように意識しておく必要があります。

ドキュメンテーション型記録のポイント

ドキュメンテーションを作成する際に筆者が大切にしていたのは、自己決定・自己決断、作成者間で違いを大切にすることでした。考えていることや感じていることは違っていいということも、大事にしておく必要があります。

ドキュメンテーション形式の記録は、同調的な記録になる恐れがあります。それぞれの保育の判断を大事にし、揺れたり葛藤することも大事にしながら、自分自身の判断の根拠を明確にしておくことが、保育のプロセスを可視化する記録にとって大切です。

記録を活かしていくために

記録の意味や宛先を分類してみると、こうしたことがいえるでしょう。しかし「記録する」という行為の根源は、保育の中で子どもたちの姿に驚いたり・おもしろがったり・楽しんだりすることです。子どもたちは、おもしろいことを必ずしているはずです。保育者は「良い」記録や「良い」姿をとらえようとするあまり、子どものおもしろさを見過ごしていることも多いのではないでしょうか。前提として、保育者も子どもも、一つひとつの事柄をおもしろがることを意識することが大切です。

記録は、書いたら終わりになりやすいので、作成したものをどのように活用していくのかを考えておく必要があります。

★振り返りたいと思う記録の形式に変更・工夫する

あとで見たときにわかりやすい形にします。どのようなすばらしい記録であっても、振り返ることがなければ宝の持ち腐れになってしまうのです。

★作成した記録をいろいろな場面で何度も使用する

作成すると満足しやすい記録ですが、園内研修や保護者会、クラスの打ち合わせなどでも積極的に活用することで、生きた記録になっていきます。

保育者ができなかったことを探す、反省するという記録ではなく、明日「こうしてみよう」とポジティブな気持ちがもてる1つとして記録が活かされることが大切になってくるのです。

（和洋女子大学こども発達学科　田島大輔）

コラム② 興味を引き出しつなぐ掲示・装飾・名残り

**4歳児の
スペース**　遊びの中でやりたいことが出てきました。場を工夫することで遊びが楽しめるように、保育者がかかわります。手づくりの品が美しく飾られると、空間に個性が出てきます。

藍で染めた毛糸や戸外で見つけた自然物を飾ります。

紙飛行機を飛ばす目標の輪。新聞紙で作ります。天井から吊るしたのは保育者です。

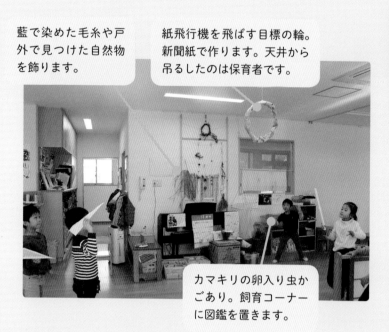

カマキリの卵入り虫かごあり。飼育コーナーに図鑑を置きます。

**見たものを描く。思い思いに描く。
季節を感じる**

秋。散歩の途中でカキ取りをした翌日。うれしくて絵を描き始めました。カキは皮をむいてほし柿にしてみました。管理をていねいにするのがコツです。

**5歳児の
スペース**　話し合いを記録したり、関心を寄せて調べたことを書いて貼ったりしています。ここからいろいろなことが生み出されそうな感じがします。

グループの旗を飾りました。黒い生地に描いた惑星が美しいです。グループ名は火星などの惑星です。

思い思いに描いた絵を飾ります。

学級全員リレーの走順表。みんなで考え合うことを記録します。

遠足で見るマンモスについて調べたことを書いて貼ってあります。

またすぐ作れるようにしまっておく棚。製作道具のワゴンは必需品です。

室内には、さまざまな掲示や装飾があります。室内の雰囲気を形作る存在です。子どもたちの興味を引き出したりつないだりする役割も担っています。室内にあるさまざまな掲示や装飾、遊びの名残りを見ながら、そのあり方について考えます。

ドキュメンテーションの提示

その日の保育の記録を画像入りで作成しています。毎日1枚のドキュメンテーションですが、短時間で作成するのが長続きのコツです。30分以内で作る！を目標にしています。

玄関の掲示　広く呼びかける

畑でサツマイモを収穫したうれしさが身体の中にいっぱい！その気持ちごと、玄関に掲示しました。他のクラスの保護者も、園の一番大きなクラスの子どもたちの様子に興味津々です。

子どもが読む掲示　保護者のメッセージ

発表会で子どもたちの劇を見た後に、保護者にひらがなで感想を書いてもらいました。うれしいメッセージがあふれていて、子どもたちはよく読んでいます。

（宮里暁美）

おわりに

　たくさんの方のご協力を得て『思いをつなぐ　保育の環境構成』という素敵な本ができました。さまざまな環境の紹介、豊かな実践園の記録、コラムや評価、Ｑ＆Ａなど、すぐに参考になる内容を盛り込んでいます。どうぞゆっくりお読みください。

　本園では、2016年4月の開園以来、笑顔輝く保育を求めて歩んできました。子どもたちの姿に目をこらし、子どもたちの声に耳をすまし、子どもたちの発想に驚く日々は、保育者である喜びを実感する時でもありました。私たちは、子どもたちの様子を言葉や画像で記録し、それをもとに語り合う時間を大事にしてきました。一枚の写真について語り合うことで、その子の思いが見えてくる、という体験は、子どもたちのことをもっとよく見ていこうという思いにつながっていきます。第2章、第3章は、そのようにして蓄積された保育記録をもとに作られています。ここに子どもがいます。ここに保育者がいます。いくら見ていても見飽きないくらい面白い保育の世界だと思います。

　無藤隆先生からいただいた「子どもたちが主体となって保育者や環境が提供する物と絡み合い、高みを目指して創り出す姿がここに実現しています。」という言葉を胸に刻み、実践を重ねていきたいと思います。

　最後になりましたが、素敵な写真をとってくださった島田聡さん、温かな気持ちになるイラストを描いてくださったみやいくみさん、そして、環境の本を３冊セットで作りたいというプランを受け止め、励まし確実に実現してくださった中央法規出版第１編集部の平林敦史さんに心から感謝いたします。

宮里暁美

著者紹介

編著者

宮里暁美（みやさと・あけみ）

文京区立お茶の水女子大学こども園園長、お茶の水女子大学人間発達教育科学研究所教授。国公立幼稚園教諭、お茶の水女子大学附属幼稚園副園長、十文字学園女子大学幼児教育学科教授を経て、2016年4月より現職。専門は保育学。著書に『保育がグングンおもしろくなる 記録・要録 書き方ガイド』（編著、メイト、2018年）、『0−5歳児 子どもの「やりたい！」が発揮される保育環境—主体的・対話的で深い学びへと誘う』（監修、学研プラス、2018年）、『保育士等キャリアアップ研修テキスト別巻保育実践』（編集、中央法規出版、2019年）などがある。

執筆者

宮里暁美…第1章・コラム②
文京区立お茶の水女子大学こども園（松尾杏菜・志知紗矢香・西山萌・伊藤幸子・杉浦正衛）…第2章・第3章

（写真右上より時計回りで、杉浦正衛、志知紗矢香、松尾杏奈、川島雅子、伊藤幸子、西山萌、宮里暁美、私市和子）

野田学園幼稚園教員一同…第4章①
川﨑徳子（山口大学教育学部准教授）…第4章①コメント
岡遥香（江東区立元加賀幼稚園）…第4章②
仙田晃（江東区立みどり幼稚園園長）…第4章②コメント
川辺尚子（保育のデザイン研究所）…第5章
内海緒香（お茶の水女子大学人間発達教育科学研究所特任講師）…第6章
田島大輔（和洋女子大学こども発達学科）…コラム①

遊びを広げて学びに変える

思いをつなぐ　保育の環境構成　4・5歳児クラス編

2020年3月1日　発行
2022年3月20日　初版第4刷発行

編著者　　宮里暁美
著　者　　文京区立お茶の水女子大学こども園
発行者　　荘村明彦
発行所　　中央法規出版株式会社
　　　　　〒110-0016　東京都台東区台東3-29-1　中央法規ビル
　　　　　Tel 03(6387)3196
　　　　　https://www.chuohoki.co.jp/

印刷・製本　　　　　　図書印刷株式会社
装丁　　　　　　　　　澤田かおり（トシキ・ファーブル）
本文デザイン・DTP　　澤田かおり　南口俊樹（トシキ・ファーブル）　中島牧子
撮影　　　　　　　　　島田 聡
写真提供　　　　　　　文京区立お茶の水女子大学こども園
イラスト　　　　　　　みやい　くみ

定価はカバーに表示してあります。
ISBN978-4-8058-8105-7

本書に関する質問については、下記URLから「お問い合わせフォーム」にご入力いただきますようお願いいたします。
https://www.chuohoki.co.jp/contact/